社会のメカニズム

[第2版]

小林淳一・三隅一人・平田 暢・松田光司 著

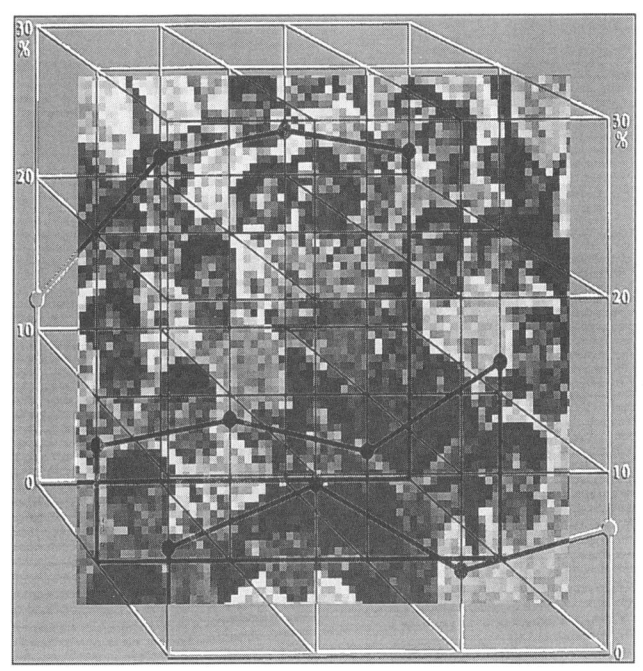

ナカニシヤ出版

まえがき

　本書は，社会の基本的なメカニズムに注目した社会学の入門書である。入門書ではあるが，われわれが主たる読者として念頭においているのは，まったくの初学者だけではない。ある程度社会学を学んでみたが，「社会学にはどうも分析的な思考法が欠けている」との不満をお持ちの読者であれば，さらに歓迎するところである。社会の基本的なメカニズムに注目するということは，原因と結果を結びつけるだけでなく，それ以上は細かく掘り下げえないようなプロセスを明細化することである。そのためには，分析的な思考法を徹底せざるをえないからである。

　たとえば，社会学理論の世界できわめて有名な「予言の自己成就」をとりあげてみよう。ある予言をおこなったことが原因で，予言された事態が結果として生起してしまうことがある。これが予言の自己成就といわれるものである。しかし予言は，いつでも自己成就してしまうわけではなく，予言された事態がまったく生起しないこともある。それでは「なぜ」ある予言は自己成就するのに，別の予言は自己成就しないのであろうか。この問いに答えるためには，原因としての予言と結果としての予言された事態とを結びつける因果的なプロセスを明細化しなければならない。この明細化された因果的なプロセスこそ，社会のメカニズムなのである。そしてこのプロセスを明細化するには，予言にかかわる諸行為者間の相互作用に目を向けなければならない。つまり予言を信じる人びとがどのような行動をとるか，また予言を信じる人びとの行動によって

影響を受ける人びとがどのような行動をとるかにまで掘り下げて，思考実験してみる必要がある。こうした思考実験は，すぐれて分析的な思考法なのである。

もちろん社会学という学問は，分析的な思考法だけから形づくられるものではない。しかしわれわれは，社会学はもっと分析的な思考法を大切にすべきだと思っている。これはあながちわれわれだけではなく，たとえば最近 P・ヘドストロームと R・スウェドバーグが上梓した *Social Mechanisms* という本の副題は，*An Analytical Approach to Social Theory* となっている。かれらのいう analytical approach とわれわれのいう分析的な思考法とは，かなり重なり合うようである。

われわれは，分析的な思考法は理想的には数理モデルとして表現されるべきだと思っている。そこで本書には，いくつかの数理モデル（およびそれに類する表現）が登場している。数理モデルはもちろん万能ではないが，それなしではわからない問題があることも理解してほしいのである。文科系の学問には，数学など不必要だと思っている読者がいるかもしれない。しかしそれは誤解であって，「数理の発想」は社会の基本的なメカニズムを明確に定式化するのに不可欠な道具なのである。といっても本書は，なにも高度な数学的知識を要求するものではない（→イントロダクション）。本書を読んで，社会学という文科系の学問にも数理の発想が不可欠であるということを理解していただければ，それでよいのである。

本書の内容は，意思決定のモデル（→ 1 章）からブール代数による比較分析（→ 8 章）まで多岐にわたっているが，それでも社会学の入門書としては網羅的なものではない。基本的なメカニズムへの注目という観点から，主題が限定されているためである。したがって正確には，社会学の理論と方法への入門書というべきかもしれない。もちろん各々の章について，「説明の順序をこう変えた方がよいのではないか」とか，「この部分の説明が不足しているのではないか」という感想をもつ読者もおられることであろう。そうした感想・意見を抱かれた読者には，筆者の方にその旨連絡していだければ幸いである。われわれとしては，建設的な批判・コメントを待ちながら，オリジナルな成果をだせるよう研鑽をつんでゆきたいと思っている。

また本書は 2 部構成で，それぞれ 4 つの章から組み立てられている。どの章

から読み始めてもよいが，2章と3章，また5章と6章とは関連が深いので，その順番で読まれることをお薦めする。どの章を読む場合でも，読者はあいだにはさまれている「問」を重視してほしい。これらの「問」は，読者をいたずらな混乱から救うだけでなく，推論のガイドラインとなるように工夫されたものである。結論にいきなり飛びつくことなく，議論のロジックや推論のプロセスを楽しむことが，本書を読むためのコツかもしれない。

　本書を編むにあたっては，執筆者全員で会合を重ね，お互いに原稿を読み合って改訂作業をおこなった。文字通りの共著作書であるが，個々の章の責任はもちろん当該の執筆者にある。最後になったが，本書を出版する機会を与えていただいたナカニシヤ出版の宍倉由高・伊地知敬子両氏に深く感謝したい。

1998年（平成10年）　晩秋

小林　淳一

三隅　一人

平田　暢

松田　光司

目　次

まえがき　*i*

第Ⅰ部：メカニズムを構想する ……………………………… *1*
　イントロダクション：メカニズムへの注目　*3*
　1章　合理的意思決定のモデル　*15*
　2章　戦略ゲームのモデル　*33*
　3章　互酬性のモデル　*49*
　4章　集合行動の閾値モデル　*67*

第Ⅱ部：メカニズムを抽出する ……………………………… *83*
　5章　社会ネットワークの構造分析　*85*
　6章　行列による社会ネットワーク分析　*103*
　7章　デキゴトバナシ比較分析　*119*
　8章　ブール代数アプローチ　*133*

引用文献　*151*
人名索引　*155*
事項索引　*157*

第Ⅰ部 メカニズムを構想する

イントロダクション：メカニズムへの注目

小林　淳一

　本書は，社会のメカニズムを理解するための入門書である。題名については，カールソン（Karlsson 1958）やヘドストロームとスウェドバーグ（Hedstrom and Swedberg [eds.] 1998）からヒントをえている。しかしこのような書物を出版することを思いついたのは，わたしを含む4人の著者の社会学に対する考え方に由来している。その考え方とは，社会学は，(1)「なぜ」という問いに対する解答を与えるべき学問であり，(2)そのためには社会の基本的なメカニズムを理解する必要がある，というものである。

　「プロテスタントの自殺率が，カソリックの自殺率よりも高いのはなぜか」「昇進機会にめぐまれているはずの航空隊において，あまりめぐまれていない憲兵隊よりも不満が高いのはなぜか」「転職情報が，ごく親しい人びとよりも，むしろあまり頻繁に接触のない人びと（弱い紐帯）からえられる割合が高いのはなぜか」「A大学の学生食堂では『席取り』という行動が一般的なのに，B大学ではそのような行動がみられないのはなぜか」。これらは，社会学が答えるべき問いのサンプルである（小林・木村編　1991）。それでは社会学においては，これらの問いに答えるための基本的なメカニズムがきちんと定式化されているのだろうか。

1. メカニズムの事例

不平等のメカニズム　　　社会の基本的なメカニズムを理解し，「なぜ」という

問いに答えようとする研究スタイルの好例は，R・ブードンの業績にみられる（Boudon 1973 ; 1974）。ブードンが注目する「なぜ」の問いは，つぎの2つである。

① 教育機会の不平等は，第二次大戦後の欧米諸国において，緩慢にではあるが，着実に軽減されてきている。しかしやはり依然として，かなりな程度の不平等が残存しているのはなぜか。

② 教育機会の平等化が，世代間の社会移動の増大をもたらすのに目立つほどの貢献をしないのはなぜか。

これらは，社会階層・移動に関する比較的に初期の研究がもたらした興味ある発見事項にもとづく問いである。どうして「興味がある」かといえば，その発見事項が一見すると直観に反する不可解なものだからである。というのは，属性主義から業績主義への転換こそ近代社会の理念であり，業績主義の進展により教育機会は平等化され，その結果，世代間の社会移動も促進されると考えられるからである。しかし現実は必ずしもそうなってはいない。ブードンは複線型の教育制度を前提に，いくつかの基本的なメカニズムを想定することで，この不可解な事実を「理解可能」なものにしようする。

教育機会の不平等がなぜ生じるのか　　親の地位が子どもの学歴を決定するつぎの2つのメカニズムによって，教育機会の不平等が生成される，というのがブードンの主張である。まずは，ある人の出身階層がその人の学業成績に影響する（出身階層が上位である人びとほど，学業成績が平均してより優れている）というメカニズムである。たとえば，上層を出身階層とする者の70％が「優」の成績をとるのに対し，下層を出身階層とする者は30％しか「優」の成績をとることができないものとする。

もう1つのメカニズムは，他の条件にして等しいならば，出身階層が高い人ほど，また学業成績が優れている人ほど，高等教育に進学できるコースに残留しやすいというものである。たとえば上層を出身階層とし，かつ「優」の成績をとる者のうち85％が，高等教育に進学できるコースに（教育制度の分岐点ごとに）残留する。それに対し，「優」の成績をとっているが中層を出身階層とする者は（教育制度の分岐点ごとに），その70％しか同コースに残留するこ

とができないとする。さらにたとえば，下層を出身階層としかつ「可」の成績しかとれない者は，（教育制度の分岐点ごとに）その20％しか同コースに残留できないとする。そしてこの残留率の格差は，教育制度の分岐点ごとに累積されてゆくという性質をもっている。

ブードンは，出身階層別学業成績の分布表（2重クロス表）に具体的な数値を代入し，第1のメカニズムを表現する。つぎに，出身階層・学業成績別の残留率の分布表（3重クロス表）に具体的な数値を代入し，第2のメカニズムを表現する。そしてこの2つの分布表から，教育制度の分岐点ごとに出身階層別の残留率を求めている。その結果，2つのメカニズムから教育機会の不平等が生成されることを「論証」している。

つぎにブードンは，残留率が時間（世代）の経過とともに増大する（社会全体で教育水準が上昇する）と仮定し，教育機会の不平等のトレンドを明らかにしようとする。つまり残留率をpとすれば

$$p(t+1)=p(t)+a(1-p(t)) \qquad (1)$$
$$\text{ただし} \quad 1>a>0$$

とするのである。aは，残留率の増加傾向を規定するパラメタであり，出身階層を問わずに同一の値をとる。ここでブードンは，aに具体的な数値を代入し，教育制度の分岐点ごとに求めた出身階層別の残留率の世代間の変化を跡づけている。これにより，教育機会の不平等は徐々にしか改善されないことが「論証」されている[1]。

このようにブードンは，教育機会の不平等はまず出身階層による学力差をとおして生成されるとする。また成績が同じでも，出身階層による残留率の格差によっても生成されるとする。したがってブードンによれば，出身階層による残留率の格差は，世代を経るにつれて段々と減少してゆくにもかかわらず，出

---

[1] これは，$1-p(t)$の値は$p(t)$の値が最初は小さい下の階層ほど大きな値をとるためである。つまりパラメタaの値は，出身階層を問わずに同一であるといっても，下の階層ほど残留率の伸び幅が大きく，残留率の出身階層間格差は徐々にとはいえ世代の経過とともに減少してゆくのである。

身階層による学力差が存在するかぎり，教育機会の不平等はなくなることはないのである。

社会的機会の不平等がなぜ生じるのか　社会的機会の不平等とは，高い地位を獲得できる機会が親の地位によって影響されるという意味での不平等である。いいかえれば世代間の自由な社会移動が，妨げられている状態である。ここでピラミッド型の地位分布を想定し，その分布の形は時間（世代）の経過にもかかわらず変化しないものとする。つまり機会構造そのものは，地位達成の過程の外側から与えられており，それぞれの水準の地位の数は前もって固定されているような状況である。このとき，たとえば高い学歴のもち主の 70％は高い地位に優先的に割り振られる。しかし低い学歴のもち主は，高い地位に空き席がある場合にかぎり，その地位につく機会が与えられるというような「学歴主義的な」メカニズムを想定すれば，そのメカニズムはどのように働くだろうか。

　ブードンは，学歴別の達成地位の分布表（2重クロス表）に具体的な数値を代入し，問題の学歴主義的なメカニズムを表現する。そしてさきほど作成した出身階層別の残留率の分布表と，この新しい分布表とを掛け合わすことによって，世代間の移動表を求め，社会的機会の不平等が生成されることを「論証」する。さらに世代ごとの出身階層別の残留率の分布表により，世代間の移動表のトレンドを明らかにしている。その結果，教育機会の不平等の改善にもかかわらず，社会的機会の不平等にはほとんど変化のないことを「論証」するのである。

2. ブードンのモデルはいかに評価されるべきか

メカニズムへの注目　それでは不平等を生成するメカニズムに注目したブードンのモデル（IEO-ISO モデルといわれる）は，いかに評価されるべきであろうか。たしかにブードンは，メカニズムの定式化にあたって，もっぱらシミュレーションの手法に依拠しているので，われわれが分布表に別の数値を代入した場合，ブードンと同じ結論に達するという保証はない。したがってブードンの「論証」には，大きな欠陥がある。メカニズムが一般的な数理モデルの形で

提示されていれば,なおよかったのである。しかしこれは,もうすでに指摘されている論点であり (Fararo and Kosaka 1976),ここではあえてとりあげない[2]。

　もっと大切な論点は,「なぜ」の問いに対して,ブードンが社会の基本的なメカニズムを抽出し,それによって「理論的な説明」を与えようとしているところにある。メカニズムとは,ある原因がある結果を生み出すプロセスを明細化したものである。ブードンの場合には,ある世代において存在している社会的不平等あるいは社会階層(=原因)が,そのつぎの世代における教育機会の不平等(=結果)を生み出すメカニズムがそれである。また生成された教育機会の不平等(=原因)が,既存の社会階層の枠組みのなかで,地位の一定の継承と移動(=結果)を生み出すメカニズムがそれである。これ以上は掘り下げえないという意味で「基本的な」メカニズムによって,社会現象を説明するという研究スタイルは,ブードンが自負しているように「明日の社会学にとって不可欠」(Boudon 1979, p.62) である。というのはメカニズムを特定化することによって,「普遍法則」に頼らずに,「なぜ」の問いに答えることができるからである (Elster 1989 = 訳 1997, 1 章 ; Hedstrom and Swedberg [eds.] 1998, ch.1)。

仮説‐演繹的な理論と説明　　社会学にかぎらず,経験科学全般において,理想的な型の理論と説明は,反証可能な普遍法則を含む理論による説明であるといわれている。「被説明項」に対する「説明項」が初期条件と法則から構成される「演繹的‐法則的説明」によってはじめて,循環的なあるいはアド・ホックな説明から脱却できることは,K・ポパーのつとに強調するところである (Popper 1972 = 訳 1974, 217-220 頁)。しかし,時と場所を問わずに成立する普遍法則が表示するような規則性は,自然の世界には存在しえても,社会学が対象とする人間世界には存在しないと考えた方がよい。自然現象にあてはまるような普遍法則とパラレルな命題を,社会的世界において定式化しようとするのは,労多くして功少なき作業となろう。こうして社会学にとっては,演繹的

---

[2] さらに,そのシミュレーションの方法それ自体(とくに ISO モデル)に難点があることも指摘されている(潮木 1975)。

-法則的説明はいわば高嶺の花なのであるから，別の型の理論と説明を求めることが賢明な方策だといえる。

普遍法則が存在しないような場合には，メカニズムの概念が有効となる。つまり説明項を原因とし，被説明項を結果としたうえで，原因が結果を生み出すメカニズムを仮説として設定するのである[3]。これが，「仮説-演繹的」な型の理論と説明である。いま「仮説」という用語をもちいたが，ブードンのように複数のメカニズムを仮説として設定している場合には，モデルという用語の方が適切かもしれない。つまり仮説-演繹的な型の理論と説明というのは，メカニズムが働く架空の単純化された世界を構築し，その世界の動き方を演繹的＝数学的な推論（ブードンはシミュレーションに依拠したが）によって示すものなのである。このとき現実の世界が，「あたかも」モデルが表現している架空の世界で「あるかのように」動いているとみなすことによって，われわれは社会現象を理解することができるのである[4]。

分析的な研究スタンス　　ブードンにもみられるように，メカニズムに注目することは必然的に「分析的な」研究スタンスをもたらす。原因と結果を明示したうえで，両者をむすびつけるメカニズムを構想することは，複雑な世界から基本的な要素を抽出するという徹底した分析的思考を要請する。メカニズムを数理モデルの形で提示する場合には，なおさらそうである。この点で基本的なメカニズムを構想することは，統計分析的な発想とは次元を異にしている。

変数の分散を「説明」することを第一義とする統計的・計量的分析は，それ固有の価値をもっている。しかし統計的・計量的分析は，メカニズムを構想することによって「なぜ」の問いに答えようとすることには無関心である。R. M. ハウザー（Hauser 1976）によるブードンの仕事に対する全否定は，統計的・計量的分析家のそのような無関心に起因している。しかし統計的分析のみによっては，「なぜ」の問いに答えられない以上，ハウザーのような態度は社

---

[3]　佐藤（1998, 73-74頁）は，メカニズム（正確には社会的メカニズム）の概念を，マクロな「社会的原因」と「社会的結果」を結びつける因果関連だと定義している。しかし一般的には，原因と結果がかならずマクロな次元のものに限定される必要はないと考えられる。
[4]　竹内（1976, 94頁）は，これを仮説-演繹による「かのように」型の説明としている。

会学の発展を阻害するものだといわざるをえない。社会の基本的なメカニズムを構想することは，統計的分析を軽視するものではなく，むしろ「計量的な分析とウェーバー的な理解の方法」を調停するというブードン（Boudon 1979, p.62）の主張は，要点をついているといえる。このように社会の基本的なメカニズムを構想することによって，われわれは社会学を蝕んでいる「経験主義的バイアス」と「全体論的バイアス」（盛山 1986）から自由になれるのである。

3. メカニズムのもう1つの事例

職業的地位の分布　　社会の基本的なメカニズムを数理モデルの形で提示した例として，小林と木村による議論（小林・木村 1997, 5章）をとりあげる。1975年のSSM調査の結果によれば，威信スコア[5]によって順序づけられた職業的地位の分布は，威信スコアが80点以上30点以下の両極端の層を除いて，パレート分布をなしている（直井 1979, 469-471頁）。つまり任意の威信スコアを越える職業的地位をもつ者の人数は，その対数をとれば，当該の威信スコアの対数の線形関数で近似されるというのである。具体的にいうと，$N(x)$ を威信スコアが x 点以上の職業についている者の人数（高スコア層からの累積人数）とすれば，

$$\log N(x) = \log A - \alpha \log x \tag{2}$$

となる。ただし A は常数項，α はいわゆるパレート常数である。どうしてそうなのだろうか，という「なぜ」の問いが議論の出発点である。

---

[5]　1975年SSM調査においては，威信スコアはつぎのような手順で測定された。
　①300個近い職業小分類から，82個の職業名を選択する。
　②選択された職業名を書いた82枚のカードを評定者（1296人）にわたし，それらを「最も高い」から「最も低い」にいたる5段階の評価カテゴリーのどれかに分類してもらう。
　③この5つのカテゴリーには，100点から0点にいたる25点きざみの評定値を，前もって割り振っておく。
　④上の評定値を用いて，各職業に対する評定の平均値を計算し，それを当該の職業の威信スコアとする。
　⑤それぞれの職業の威信スコアを，当該の職業が属する職業小分類項目全体に適用する。

威信分布のメカニズム　まず各職業がなんらかの基準（機能的重要性と義務遂行の困難さ，責任の大きさ，その他なんでもよい）にしたがって，何層にも積み重ねられたピラミッド型の構造をなしていると仮定する。具体的には，公比 m の等比数列で表現できる形をしているものとする。社会構造に関するこの仮定は，ブードンのモデルにおける複線型の教育制度や時間の経過にもかかわらずその構成が変化しないピラミッド型の地位分布に対応する。つぎに人びとが職業をどのように評価するかに関して，つぎのようなメカニズムを想定する。つまりある職業層の威信スコアは，そのすぐ下の職業層のスコアの b 倍の点数が付与されるというメカニズムである。

社会構造に関する仮定から，上から数えて i 番目の層までの累積人数を表現する数式がえられる。そして職業評価のメカニズムから，上から数えて i 番目の層の威信スコアを表現する数式がえられる。後者の式を適当に変形し，前者の式に代入すると，

$$\log N(x) = \text{const.} - \left(\frac{\log m}{\log b}\right) \log x \tag{3}$$

となる。これは式(2)と同じ形をしており，職業的地位がパレート分布にしたがうことを意味している。このように等比数列で表現できる形をしている社会構造が原因となり，職業評価の「乗算型」のメカニズムに媒介されることによって[6]，パレート分布にしたがう威信スコアの存在が結果として生じることが示されたのである。

パレート常数の意味　さらに式(3)においては，式(2)のパレート常数 $α$ が m と b の関数として特定化されている。このことから，パレート常数の値と職業的地位の分布の平等（不平等）とが，明確に関係づけられることになる。つまり職業的地位の分布の平等（不平等）を，下位と上位の人数比から定義す

---

[6] 乗算型の評価メカニズム以外にも，たとえば「ある職業層の威信スコアは，そのすぐ下の職業層のスコアより b 点だけ多く付与される」，とする「加算型」のメカニズムも考えられる。しかしこの加算型のメカニズムが作動していると仮定すると，威信スコアはパレート分布しなくなってしまう（小林・木村 1997, 103-105 頁）。

ると，パレート常数の値が小さければ小さいほど平等だということになる。これに対し，上位の層の威信スコアの平均点に対する全体の威信スコアの平均点の比から，平等（不平等）を定義すると，パレート常数の値が大きければ大きいほど平等だということになる。このように小林・木村のモデルは，職業的地位がパレート分布する理由を説明するメカニズムを定式化しているだけでなく，地位分布の平等（不平等）には2つの側面があり，どの側面を問題にしているのかを明示しないかぎり，有効な議論を展開できないことを明らかにしている。

4. 各章の内容について

本書の構成 本書のI部を構成する4つの章は，社会の構造的・制度的な枠組みを前提にしたうえで，人間の意思決定・行動にかかわるメカニズムを扱っている。1章では，合理的な意思決定のメカニズムを，不確実性の下で危険に対処するための原理・原則という形で定式化する。つぎに2章と3章では，人びとは他の人の意思決定がどうなるかを予測しつつ，自分のとるべき行為を選択すると想定されている。そしてこのとき，どのような社会的帰結が生成されるかを，演繹的-数学的なモデルとして示している。また4章では，他の人の意思決定の結果を観察した後，自分のとるべき行為を選択するのだが，その行為選択の基準に個人差がみられる場合がとり扱われている。このように1章では，あくまでミクロな水準の事象のメカニズムが問題にされているのに対し，2・3・4章では個々人の意思決定というミクロな水準での事象が，マクロな水準での帰結を生成するメカニズムが問題とされている。

これに対しII部を構成する4つの章は，社会事象のなかに働いているメカニズムを抽出するための技法を扱っている。といっても，統計的技法のたんなる紹介に終わっているわけではなく，いろいろな箇所で演繹的-数学的な推論を展開している。まず5章と6章は，社会ネットワーク分析をとり扱っている。社会ネットワークは，人びとの行動に対する制約条件として，あるいはとりうる行動の範囲を広げる機会として働くものである。2・3・4章のように，個々人の行動が集積されて社会的帰結が生成されるメカニズムを問題とするときには，こうした社会ネットワークの効果をとり入れることが望ましい。また人

びとの行動から一定の型のネットワークが生成され，別の型のネットワークへと変動してゆくメカニズムを構想することも興味深いことである。最後に7章と8章は，いわゆる「質的」データをとり扱うもので，新鮮な視点を与えてくれる。そこでは，質的データに含まれる複雑な因果連鎖や行為連関の全体像をできるだけ保持しながら，簡潔なグラフや代数式の形で表現する。そうすることで，質的データに潜む一般的なパターンやメカニズムを抽出しようというわけである。

数学的な知識について　　最後に，本書を読み進めるときに必要とされる数学的な知識について若干のことをのべておきたい。1章から3章までは，さして問題はないであろう。4章についても，本文の内容を理解するだけなら，特別の知識は要求されない。ただしもっと進んだ勉強をしようとする場合には，積分と差分方程式に関する知識が必要となるだろう。積分については，たとえば志賀（1988）を，また差分方程式については須田（1996）をお勧めしておく。

　つぎに6章には，行列とベクトルが登場する。多くの読者にとっては，行列とベクトルは未知の世界かもしれない。しかし行列とベクトル（＝線形数学）は，社会ネットワークの領域だけではなく，社会学の多くの研究領域にとって必須の用具である。ただし6章を理解するのに必要とされる行列とベクトルの知識は，たんに行列（とベクトル）の足し算，引き算，掛け算に関することだけである。逆行列に関する知識などは一切必要ない（もちろん，あるにこしたことはないが）。したがって読者は，高校の教科書を参照するだけでもよいし，我田引水のようであるが，本書と同じ出版社からでている小林・木村（1997）の数学のおさらい(C)の部分（42-51頁）にあたられるだけでも十分である。もしまとまったことを習得したい人には，ブラッドリーとミーク（Bradley and Meek 1986 ＝ 訳 1991　新装版 1996）などをお勧めする。

　また7章については，本書の内容を理解するためだけならば，特別の数学的知識は要求されない。ただしこの線に沿った研究を深めたい方は，「写像」「二項演算」「群」「亜群」などに関する現代数学の知識が必要となる。これについては，同章の注(2)を参照されたい。最後に8章については，ブール代数の知識が要求されるが，本文のなかで簡潔に説明してあるので心配はいらない。し

かしこれを機会に，ブール代数を本格的に勉強してみたいという読者もおられることだろう。そのような方は，たとえば永田（1996）の第1～3章にまずあたられたい。

文献案内
ブードン　1973　『機会の不平等』　新曜社（1983）
　本文で紹介されているブードンの業績の原典がこれである。読み進むのに特別の数学的知識などは要求されない。明快な議論が楽しめる。なお邦訳は，1973年出版のフランス語版によっているが，興味のある読者は1974年出版の英語版もあわせて参照することをお勧めする。

小林淳一・木村邦博　1997　『数理の発想でみる社会』　ナカニシヤ出版
　本文で紹介した威信分布のモデルだけでなく，他にもいくつかのモデルが定式化されている。読み進むうえで必要な数学的知識についても，「数学のおさらい」として解説されている。本書を読むうえでも参考になる。

1章 合理的意思決定のモデル

小林 淳一

　意思決定とは，目的を達成するための合理的な推論と選択の過程のことである。推論と選択の合理性をとくに強調したいときには，合理的意思決定という。「故障したパソコンを修理にだした方がいいか，それとも新しいパソコンを買う方がいいか」，「この混雑ではタクシーをひろった方がいいか，それとも地下鉄に乗った方がいいか」，「3年生の終わりになったからそろそろ就職活動を始めるべきだろうか，それともキャプテンをしているクラブの活動を続けるべきだろうか」。いずれも意思決定の問題であるが，それらに対して一貫した解答を与えることのできる合理的意思決定のモデルが開発されている。そもそも合理的意思決定のモデルは，17世紀における「賭け」の公平性に関する研究に始まるが（たとえば福場〔1993〕参照），現在ではきわめて広範な問題に適用されるところまで発展している。そうしたモデルにおいては，意思決定の主体は個人に限定されることなく，企業や国家のような集団（組織）にまで広げて考えられている。個人であれ企業であれ，あるいは国家であれ，日々なされる意思決定に共通したメカニズムこそが重要なのである。本章では，「確率」とか「期待値」ないしは「期待効用」といった簡単な数学的な道具だてを使用して，合理的な意思決定のメカニズムについて解説する。

1. 基本モデル

確率による表現の重要性　　意思決定のメカニズムを定式化するとき，確率が

重要な役割をになっている。それは確率というものが，意思決定の主体がもっている情報の不確定さ・あいまいさを表現するものだからである（松原 1985, 1 章）。このように意思決定にあたって，どうしても確率的に推論し選択しなければならない状況を不確実性という。また不確実性が目的の達成にとって及ぼす影響を，危険（リスク）という。合理的意思決定のモデルは，不確実性の下で危険に対処するための原理・原則を定式化するものである。

　意思決定のモデルにおける確率の重要性を理解するため，具体例をあげてみよう。Aのくじをひけば 0.5 の確率で 10 万円が当たるが，Bのくじをひけば 0.01 の確率で 100 万円が当たるとする。このとき，どちらのくじをひくべきだろうか。これにはたとえば，つぎのように答えることができる。

　　【間違った答】　Aのくじをひけば最大でも 10 万円しかもらえないのに対して，Bのくじをひくと最大で 100 万円ももらえる。したがって，Bのくじをひくべきである。

　読者のなかには，この答えに納得する人もいるかもしれない。しかしそのような推論と選択は，くじBをひいて 100 万円もらえるチャンスはわずか 0.01 にしかすぎないという事実を看過している点で「慎重さ」に欠けている。合理的な意思決定は，慎重でなければならないのである。合理的意思決定のモデルによれば，これとは異なった答えがえられる。

期待値　　合理的意思決定のモデルは，「くじを何回も何回もひけば，平均して 1 回あたりどのくらいのお金をもらえるだろうか」という発想をする。ここに確率が効いてくるのだが，まずは（数学的）期待値の概念を定義し，ついで合理的な意思決定の原理を導入する必要がある。

　　【定義1　期待値】　ある1つのくじを何回も何回もひいた場合，1回あたりの平均の獲得額をそのくじの（数学的）期待値という。
　　【合理的意思決定の原理1】　期待値を最大化せよ。

この原理にしたがえば，要するに，期待値の大きな方のくじをひけばよい。つまりAのくじは，1回につき0.5の確率で10万円もらえるのだから，期待値は0.5×10（万円）＝5万円である。またBのくじは，1回につき0.01の確率で100万円もらえるのだから，期待値は0.01×100（万円）＝1万円である。

【正しい答え】　Aのくじの期待値は5万円であるのに対し，Bのくじの期待値は1万円しかない。したがってAのくじをひくべきである。

ここでは金額で考えているので，期待値は期待金額といってもよい。また「くじ」といっているものは，ある行動の可能な結果に対し確率と価値が付与された選択対象のことで，文字どおりのくじでなくてもよい（上のようなくじは賞金が当たるものなので，「賞金くじ」とよばれる〔岡田 1996, p.240〕）。問題は，期待値（期待金額）の計算の仕方であるが，定義1に忠実につぎのように考えればよい。n 個の可能結果，$v_1, v_2, \ldots, v_n$ をもつくじで，それらの結果がそれぞれ $p_1, p_2, \ldots, p_n$ の確率で生起する場合，そのくじに対する期待値ないしは期待金額 EV は，

$$EV = v_1 p_1 + v_2 p_2 + \cdots + v_n p_n$$
$$= \sum_i p_i v_i \qquad (1.1)$$

と計算できる。

ひとつ注意してほしいのは，期待値と現実の結果（実現値）とは異なるものだということである。問題のくじAの期待値は，たしかに5万円であるが，そのくじをひいた結果は，10万円もらえるかあるいは何ももらえないか（0円）のどちらかである。

デシジョン・ツリー　さて期待値を実際に計算するときには，デシジョン・ツリーを書いてみるとよい（Lave and March 1975）。たとえばさきほどのくじAは，つぎのようなデシジョン・ツリーで表わされる。

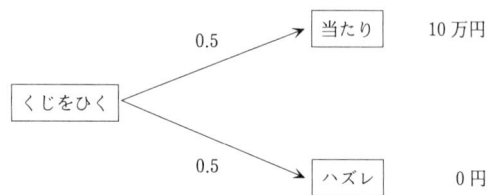

デシジョン・ツリーの「枝」に付記された確率の値と，その枝の先の結果の金額とを掛け算し，つぎにそれらを足し算すればこのくじの期待値がえられる。

継起的に枝分かれするツリー　　もっと複雑なくじを考えてみる。英会話学校に通いある資格をとるための試験を受けたいが，その試験の合格率は過去30％である。しかも試験に合格し資格をとったとしても，希望する職種につける確率は0.5である。もし希望する職種についた場合には，他の人よりも生涯通算して1000万円だけよけいに稼ぐことができる。なお英会話の受講料は，トータルで100万円かかる。この場合，英会話学校に通うべきなのだろうか。この状況もまた，可能な複数の結果にそれぞれの生起確率とその価値が付与された，くじだとみなすことができる。このくじに対するデシジョン・ツリーは，つぎのようになる。

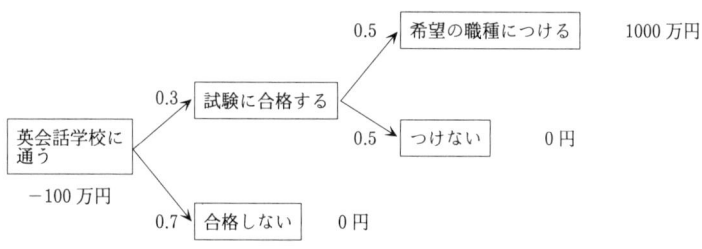

問1　英会話学校に通うというボックスの下に−100万円と記されているのは，なぜだろうか。

18　　1章　合理的意思決定のモデル

これは英会話学校に通うための費用を表わしており，どの枝の結果が実現しても必ずそれだけのマイナスがかぶさってくることに注意を促している。さてツリーの最初の枝をみれば，「試験に合格する」確率は0.3，「希望の職種につける」確率は0.5であるので，「試験に合格し，希望の職種につける」確率は単純な確率計算により$0.15(=0.3×0.5)$となる。えられる金額は1000万円なので，この枝をたどると$150(=1000×0.15)$万円となる。これ以外の枝の先の金額は0円なので，しいてその確率を計算する必要はない。したがって「英会話学校に通う」というくじの期待値は，その費用に100万円かかることから，$50(=150-100)$万円となる。他方「英会話学校に通わない」という選択肢の期待値は，差し引き0円であるので，英会話学校に通うことが合理的な意思決定となる。

確率が変化するツリー　　大学に進学すれば（確実に卒業すると仮定する），生涯所得が1億1000万円の有利な職業につくことができる。しかし有利な職業の割合は限られており，社会全体の大学進学率が30％を越すと，越えた人数は生涯所得が9000万円の通常の職業につかざるをえない。また大学に進学しなければ，生涯所得が9000万円の通常の職業につく。なお大学に進学し卒業するまでの費用は，1000万円とする。このような社会において，大学に進学することの期待値はいくらか（岩本 1991, 255-258頁）。例によって，デシジョン・ツリーを書く。

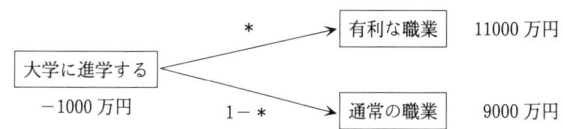

2つの確率が，＊および1－＊と記されているのは，その値が社会全体の大学進学率次第で変化するからである。しかし一般的に記せば，
　　＊＝30／社会全体の大学進学率（ただし＊は1を超えない）
である。したがって，もし社会全体の大学進学率が40％であれば，期待値は

$$EV = 11000 \times (30/40) + 9000 \times \{1-(30/40)\} - 1000$$
$$= 9500$$

となる。

問2 大学進学率を50％, 60％, ……と上げてゆき, 進学率が上昇すれば大学に進学することの期待値が減少することを確認してみよう。

このような社会では, 期待値からみれば, 社会全体の進学率が60％に達するまでは大学に進学することが（費用さえ許せば）合理的な意思決定となる[1]。

2. 基本モデルの応用

石油採掘問題　ある石油採掘会社は, ある地区に期限付きで石油採掘権を獲得した。期限が終了しないうちに, 石油を採掘するかしないかを決定しないといけないわけだが, はたして石油がどれだけあるものかはっきりしていない。ある種の実験をおこなうことによって, その地区の地質学的な構造に関する情報をえることができるが, それにはかなりの費用がかかる。したがって採掘するかどうか決定する前に, そうした情報をえるべきかどうかの決定をしなければならない[2]。

ここで採掘するを行動 a_1, 採掘しないを行動 a_2, 採掘する地区に石油がないを状態 θ_1, 石油がほどほどにあるを状態 θ_2, 石油が大量にあるを状態 θ_3 とする。過去の経験や記録から, 当該の地区においては $P(\theta_1)=0.5$, $P(\theta_2)=0.3$, $P(\theta_3)=0.2$ と推定されるものする。これを, つぎのような利得表で表わす。θ_1 のときの負の利得は, 石油採掘の費用を表わす。

---
[1] 言葉をかえれば, この社会では60％の水準で, 大学進学率は均衡するといえる。くわしくは岩本（1991）を参照。
[2] この問題設定にあたっては, ライファ（Raffia 1970 = 訳1972, 3・49-50頁）の定式化を参考にした。

表 1.1　金銭的利得表（単位：1万円）

状　態	行動 a_1	動 a_2	状態の確率
θ_1	-14000	0	0.5
θ_2	10000	0	0.3
θ_3	40000	0	0.2

2つの行動の期待値は，

$$EV(a_1) = -14000 \times 0.5 + 10000 \times 0.3 + 40000 \times 0.2 = 4000$$
$$EV(a_2) = 0$$

である．したがって，地質的構造を探査するための実験をおこなわないときでも，石油を採掘することが合理的な意思決定となる．

完全情報の価値　それではある実験をおこなって，地質的構造に関する情報を獲得することには，どのくらいの価値があるだろうか．たとえば地震探鉱をおこなって，当該地区の地下層の状態を正確に知ることができるとすると，その実験に5000万円支払うことは合理的であろうか．これは「完全情報の価値」の問題である（Raffia 1970 ＝ 訳1972, 39-46頁；繁桝 1985, 89-90頁；Lave and March 1975 ＝ 訳1991, 87-89頁）．

正確な地震探鉱のもたらす完全情報の価値については，つぎのように考えればよい．まず，0.5の確率で地下層の状態が θ_1 であると知らされたならば，行動を a_1 から a_2 に変更し，1億4千万円の損害を防ぐことができる．つぎに0.3の確率で θ_2 であると知らされたならば，予定通り a_1 の行動をとり，損得は何も生じない．また0.2の確率で θ_3 であると知らされた場合にも，予定通り a_1 の行動をとり，損得には関係ない．したがってこの場合の完全情報の価値は，$14000 \times 0.5 = 7000$（万円）と評価される．

あるいは少し違った考え方も可能である．完全情報のない場合には，行動 a_1 をとり4000万円の期待値を見込むことができた．しかし完全情報をえた後には，0.5の確率で0円を，0.3の確率で1億円を，そして0.2の確率で4億円

をえることができるので，$0.3 \times 10000 + 0.2 \times 40000 = 11000$（万円）の期待値を見込むことができる。その差 $11000 - 4000 = 7000$（万円）が，完全情報の価値なのである。これは，つぎのようなツリーを書けばわかりやすい。

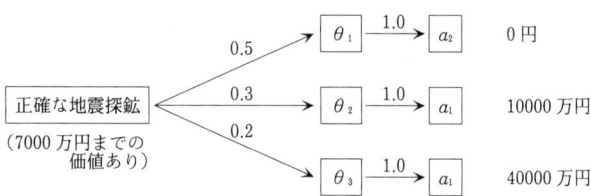

仮採掘をおこなう場合　さて表 1.1 の利得表では，石油採掘の費用は 1 億 4000 万円だとされていた。そこで本格的な採掘をおこなう前に，その 1％の費用をかけて仮の採掘をおこなってみることにした。その結果をみて，本格的な採掘をおこなうかどうか決定しようというわけであるが，仮の採掘をしてみると石油が埋蔵されている可能性が低くなり，各状態の確率はつぎのように変更された。

表 1.2　仮採掘をおこなった後の金銭的利得表（単位：1万円）

状　態	行	動	状態の確率
	a_1	a_2	
θ_1	-14000	0	0.7
θ_2	10000	0	0.2
θ_3	40000	0	0.1

このとき2つの行動の期待値は

$$EV(a_1) = (-14000 \times 0.7 + 10000 \times 0.2 + 40000 \times 0.1) - 140 = -3940$$
$$EV(a_2) = -140$$

となる。したがって本格的な採掘はおこなわない方（行動 a_2）がよいということになる。このとき，完全情報はいくらの価値をもつだろうか。

仮採掘をおこなった後の完全情報の価値　　こんどは 0.7 の確率で，地下層の状態が θ_1 であると知らされたときには，予定通り行動 a_2 をとればよいので，何の損得も生じない。しかし 0.2 の確率で θ_2 であると知らされたときには，行動を a_2 から a_1 に変更し，1 億円の利得を確保できる。また 0.1 の確率で θ_3 であると知らされたときにも，行動を a_2 から a_1 に変更し，4 億円の利得を確保できる。したがってこの場合の完全情報の価値は，$10000 \times 0.2 + 40000 \times 0.1 = 6000$（万円）と評価される。つまり完全情報の価値は，仮採掘をおこない，石油埋蔵の可能性が低下した後では，仮の採掘をおこなう前（7000 万円）よりも若干低くなっているのである。

また完全情報を入手した後には，0.7 の確率で 0 円を，0.2 の確率で 1 億円を，そして 0.1 の確率で 4 億円をえることができるので，完全情報による利得の期待値は，$10000 \times 0.2 + 40000 \times 0.1 - 140 = 5860$（万円）となる。つまり仮採掘の後の完全情報は，$5860 - (-140) = 6000$（万円）だけ期待値を増加させるのである。なおこの場合のツリーは，つぎのようになる。

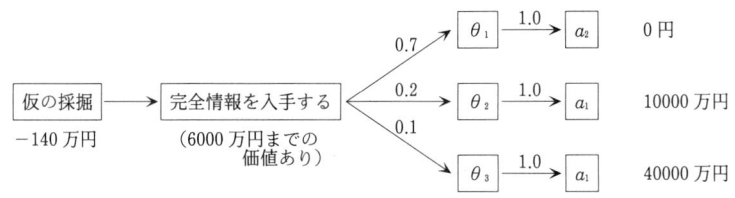

表 1.3　以上の結果のまとめ

行　　動	期待値（単位：1 万円）	完全情報の価値
採掘	-14000	—
実験をおこなわずに採掘	4000	—
実験をおこなったうえで採掘	11000	7000
仮採掘	-140	—
仮採掘をおこなった結果採掘しない	-140	—
仮採掘および実験をおこなったうえで採掘	5860	6000

3．効用概念の導入

サンクト・ペテルブルグのパラドックス　　つぎのような賭けについて考えてみよう。歪みのない1枚の硬貨を表がでるまで投げ続ける。もし1回目のトスで表がでれば2万円，2回目のトスではじめて表がでれば4（$=2^2$）万円，3回目のトスではじめて表がでれば8（$=2^3$）万円，…………，n回目のトスではじめて表がでれば2^n万円だけ獲得できる。表がでた時点でこの賭けは終了する。さてこの賭けの期待値は，いくらになるか，計算してみる。

$$\begin{aligned}EV = &\,(1/2)\times 2 + (1/2)^2 \times 2^2 + (1/2)^3 \times 2^3 + \cdots\cdots \\ &+ (1/2)^n \times 2^n + \cdots\cdots \\ = &\,1 + 1 + \cdots\cdots + 1 + \cdots\cdots \\ = &\,\infty \end{aligned} \quad (1.2)$$

となる。つまりこの賭けは，いくらお金を払ってでもやってみる価値があるということになる。しかしこれは，妥当な結論だろうか。

この賭けでは，たとえば10回目に初めて表がでれば，$2^{10}=1024$万円だけ獲得できる。しかし10回目に初めて表がでる確率は，0.000976……である。これはほとんど0に近い確率であり，1024万円も支払って賭けをしても損をしてしまうことが理解できる。ましてやそれ以上の1億も2億も支払って賭けをすることは，合理的な意思決定とはいえない。しかし期待値から判断する以上，1億でも2億でも支払って賭けをするべしという結論になってしまう。これが，いわゆるサンクト・ペテルブルグのパラドックスである（Bernoulli 1954 [1738]）。

金額とその効用　　サンクト・ペテルブルグのパラドックスを解消するための試みはいろいろとあるが（Menger 1967 [1934]），その1つに金額それ自体の大きさとその効用とを区別するものがある。効用とは，可能な結果に対するわたしたちの主観的な評価であり，わたしたちにとっての望ましさの程度を表

わしている[3]。たとえば 10 万円が 0.5 の確率で当たるくじの期待値は，たしかに 5 万円である。しかしこのくじの効用（望ましさの程度）が，はたして 5 万円支払うだけの大きさであるかどうかは，まったく別の問題なのである。また効用の大きさについては，あたかも温度を計るときのように，量的に測定可能なものだと仮定する。つまり x 円の効用 $u(x)$ と y 円の効用 $u(x)$ は，その大小関係が確定できるだけでなく，どちらの効用がどれだけ大きいか（小さいか）についても確定できると想定するのである。ここで期待効用を定義する。

【定義2　期待効用】 ある1つのくじを何回も何回もひいた場合，あるいはある1つの賭けを何回も何回もおこなった場合，1回あたりの平均の獲得額に対応する効用をくじないしは賭けの期待効用という。

もちろん一定の金額に一定の大きさの効用を対応させる仕方（効用関数）は，ただ1つに決まっているのではなく，数多くの仕方が考えられる。たとえば（自然）対数の形で表現できる効用について考えてみよう。x 円の効用を u とすれば，効用関数は

$$u = \log x \tag{1.3}$$

となる。たとえば，さきほど問題にした 10 万円が 0.5 の確率で当たるくじの期待効用 EU は，

$$\begin{aligned} EU &= 1/2 \ \log 100000 \\ &\fallingdotseq \log 316 \end{aligned} \tag{1.4}$$

---

[3] あくまで主観的な評価であるので，同じ結果に対する個々人の効用（望ましさの程度）は，食い違うこともある。たとえば海外旅行にゆくとき，20 万円支払ってビジネス・クラスにのるという行為と，10 万円しかかからないエコノミー・クラスでゆくという行為を比較してみよう。ある種の人にとっては，前者の行為のもたらす結果の効用が，後者の行為がもたらす結果の効用よりも大きいだろう。しかしまた別の人にとっては，まったく逆で，後者の効用の方が大きいかもしれないのである。

つまりこのくじの期待効用は，約316円に対応する分量（確率1で約316円が当たるくじの期待効用）に等しいのである。

期待効用の計算　それではサンクト・ペテルブルグのパラドックスにおける賭けの期待効用は，どうなるのだろうか[4]。問題の期待効用は，式(1.2)において 2^n を $\log 2^n$ におきかえればよい。

$$EU = (1/2) \times \log 2 + (1/2)^2 \times \log 2^2 + (1/2)^3 \times \log 2^3 + \cdots \cdots \\ + (1/2)^n \times \log 2^n + \cdots \cdots \quad (1.5)$$

> **問3**　式(1.5)の期待効用を実際に計算せよ。
> ［ヒント：全項に共通する $\log 2$ をくくりだしたうえで，無限級数の和を求める。］

共通因子 $\log 2$ をくくりだすと，式(1.5)はつぎのようになる（松原 1985, 81頁）。

$$\begin{aligned} EU &= \{1 \times (1/2) + 2 \times (1/2)^2 + 3 \times (1/2)^3 + \cdots \cdots\} \log 2 \\ &= \{1 + [(1/2) + (1/2)^2 + (1/2)^3 + \cdots \cdots]\} \log 2 \\ &= \{1 + 1\} \log 2 \\ &= \log 4 \quad (1.6) \end{aligned}$$

つまりこの賭けの期待効用は，4万円に対応する分量（確率1で4万円が当たるくじの期待効用）しかない。したがって4万円を超えるお金を賭けることは，合理的ではないのである。このように期待値ではなく，期待効用の概念に依拠することで，サンクト・ペテルブルグのパラドックスに一応の解決を与えることができる[5]。

---

[4]　以下の議論にあたっては，数列・級数に関する初歩的な知識を必要とする。簡単な解説としては，小林・木村（1997, 24-28頁）がある。

[5]　ただしこれは，あくまで「一応の」解決であって，完全な解決ではない（Menger 1967 [1934]；Samuelson 1977）。

危険回避的な行動　　金額とその効用について，もう一歩進んだ考察をおこなってみる。金額が増えればその効用も増大するが，増え方は段々と小さくなるような効用関数を想定することができる（図1.1参照）。対数で表現できる効用関数は，その一例である。

　このような効用関数の持ち主の行動傾向は，危険回避的であるといわれる。たとえば現在200万円所持している人に対して，つぎのようなくじを考えてみよう。そのくじでは，確率1/2で当たれば100万円獲得できるが，確率1/2でハズレれば100万円失うことになっている。このときくじに当たれば所持金は300万円となり，ハズレれば所持金は100万円となるので，このくじの期待効用は式(1.3)より

$$EU（くじ）= 0.5 \times \log 3000000 + 0.5 \times \log 1000000$$
$$\fallingdotseq \log 1730000$$

となるので，約173万円分しかない。それに対し，現在200万円所持しているのだから，その効用は $\log 2000000$ で，当然，

$$\log 1730000 < \log 2000000$$

である。したがってこの場合，くじをひかないことが合理的な意思決定となる。

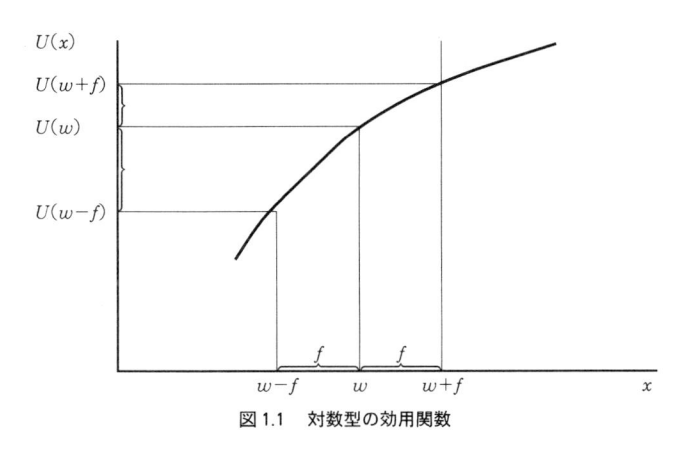

図1.1　対数型の効用関数

つまり対数型の効用関数ないしは図1.1のような形の効用関数をもつ人は，失敗すれば財産の半分を失うような危険は避けるのである。
グラフによる説明　　同じことを図1.1によって説明する。

wは現状で所持している金額，fは成功すれば獲得でき失敗すれば失う金額である。図1.1では，効用曲線の形から，必ず，

$$U(w)-U(w-f) > U(w+f)-U(w) \tag{1.7}$$

となる。つまり失う金額の効用は，獲得する同額の金の効用よりも大きいのである[6]。

期待効用とデシジョン・ツリー　　効用の概念がはっきりしてきたので，合理的意思決定の新しい原理を定式化しよう。

　【合理的意思決定の原理2】　期待効用を最大化せよ。

「期待効用の最大化」原理は，ある行動の可能な結果のもたらす効用に対し，明示的な数値を与えられない場合でも，興味深い洞察を与えてくれることがある。たとえば選挙においては，投票するか棄権するかの意思決定に直面する。どのような場合に，投票するのが合理的な意思決定となるのだろうか。この問題を考察するため，以下の記号を導入する。

　　U_1　：自分の支持する候補者が当選することがもたらす効用
　　U_2　：他の候補者が当選することがもたらす効用
　　C_1　：投票することのコスト（負の効用）

---

[6]　ここでは効用が，温度のように量的に測定可能なものだと仮定して，議論を進めてきた。しかし実際には，そのようなことは可能なのだろうか。効用を測定するときに，温度計に対応するようなものを想定することができるのだろうか。じつは，この問題については，もうすでに十分な解答が与えられている。しかしその解答について詳述することは，本書の範囲を越えている。関心ある読者は，佐伯（1980, 169-180頁）などの文献にあたられたい。

C_2 :棄権することのコスト(負の効用)
p_1 :自分が投票しなくても支持する候補者が当選する(と見込む)確率
p_2 :投票すれば支持する候補者が当選するが,投票しなければ落選する(と見込む)確率
p_3 :投票しても落選する(と見込む)確率

 ある人が投票するにせよ棄権するにせよ,その結果は,その人の支持する候補者が当選するか落選するか2つに1つである。このとき,デシジョン・ツリーはつぎのようになる[7]。

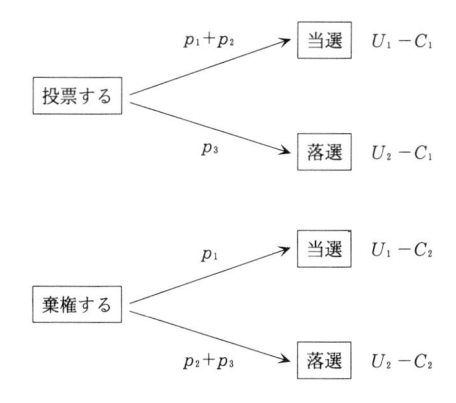

```
                    p₁+p₂
      ┌──投票する──┬──────→ 当選   U₁−C₁
                    │
                    │  p₃
                    └──────→ 落選   U₂−C₁

                    p₁
      ┌──棄権する──┬──────→ 当選   U₁−C₂
                    │
                    │  p₂+p₃
                    └──────→ 落選   U₂−C₂
```

投票率の予測　　ある人の支持する候補者が当選する(と見込む)確率は,その人が投票した場合は p_1+p_2 であり,棄権した場合には p_1 である。反対に落選する(と見込む)確率は,その人が投票した場合は p_3 であり,棄権した場合には p_2+p_3 である。したがって投票することの期待効用は,

$$EU(投票) = (p_1+p_2)(U_1-C_1) + p_3(U_2-C_1) \qquad (1.8)$$

---

[7] これから展開するモデルは,レイブとマーチが提示している「選択としての投票」モデル (Lave and March 1975 = 訳 1991, 99-105 頁) を,「同点」という結果を捨象することによって簡略化したものである。

また棄権の期待効用は，

$$EU（棄権）= P_1(U_1 - C_2) + (p_2 + p_3)(U_2 - C_2) \qquad (1.9)$$

投票することが合理的な意思決定であるためには，式(1.8)の値が式(1.9)の値より大きくなければならない。

$$p_2(U_1 - U_2) > (C_1 - C_2) \qquad (1.10)$$

式(1.10)を選挙における特定の個人の行動を予測に用いることは困難であるが，個人の集合全体（ある選挙区や選挙区全体）の平均的な行動，たとえば「投票率」の予測に用いることはできる（Lave and March 1975 ＝ 訳 1991, 103-105 頁）。実際，式(1.10)からつぎのような予測を導出することができる。

(1) p_2 が大きいほど，つまり当該の選挙が接戦である（と見込まれている）ほど，投票率は高くなる。
(2) U_1 が大きいほど，つまり支持する候補者が当選することからえられる効用が大きいほど，投票率は高くなる。
(3) U_1 と U_2 の差が小さいほど，つまりどちらが当選しても違いがないほど，投票率は低くなる。
(4) C_1 が大きいほど，つまり選挙当日が悪天候やあまりの好天候であるほど，投票率は低くなる。
(5) C_2 が小さいほど，つまり棄権をすることに抵抗がないとか，棄権をすることに対する社会的制裁がないほど，投票率は低くなる。

このように期待効用に依拠したモデルは，お金に換算できないような価値をもたらすくじに対しても有効な合理的意思決定の原理を定式化することができる。

文献案内

松原望　1985　『新版　意思決定の基礎』　朝倉書店
　この分野に関するわが国の第一人者による著書。意思決定論の領域を全面的にカバーしており，前半部分については読解するのに特別の数学的知識を要求しない。ただし後半部分については，若干骨が折れるかもしれない。また最後の文献案内は，おおいに参考となる。

レイブ，マーチ　1975　『社会科学のためのモデル入門』　ハーベスト社（1991）
　上記の書物を読むのに困難を感じる人は，この本の4章をまず読むのがよいだろう。デシジョン・ツリーを使った説明は，懇切丁寧で，きわめてわかりやすい。章末に練習問題が豊富に提示されているので，何問か解いてみるのも参考になる。

2章 戦略ゲームのモデル

平田　暢

　社会生活をおくるということは，他者と交渉したり，競争をしたり，場合によっては争ったりすることの連続である。多くの場合，相手の出方次第で自分にもたらされる結果は左右され，しかも相手にとっても状況は同じである。このような状況で，どのような選択を行うことが合理的といえるだろうか。またその結果はどのように評価すればよいだろうか。本章ではゲームの理論というモデルをもちいて，そのような相互行為のメカニズムを明らかにしていく。

1. ゲームの理論とはなにか

相互行為状況における意思決定　　相手という観点からみると，1章の合理的選択とは，「自然」を相手とする行為（選択）であると考えることができる。ここでの行為者は，行為の相手である自然が特定の事象を起こすか起こさないかを決めていると考え，その出方に応じて自分はどのようにすればよいか判断する存在である。ところが，自然自身の眼中に行為者の姿はない。つまり，行為者がどのように行動しようとも，自然の振る舞いは所与の確率分布に従っているだけで，その意味で常に同じであるといってよい。そのため合理的な行為者はその確率を見越して，自分の行動を決めるのである。しかしながら，われわれの行為の相手は自然だけではない。日常生活での相手は，こちらの出方次第で相手と自分自身の状況がどのように変化するのか知っている存在であることが多い。

サッカーの試合を考えてみよう。この場合，各チームを集合的行為者として便宜的に1人の行為者とし，ピッチ上には，2人の行為者からなる「社会」が存在していると見なすことができる。行為者にはルールが科せられており，手を使ってボールをコントロールすることや，ゴールキーパーを2人にすることは許されない。2人の行為者はルールにのっとり，お互いの力量や特徴を考慮し，選手のフォーメーション，攻撃重視かカウンター重視かなど，それぞれの戦略を決定し試合にのぞむ。そして試合の結果，その2人からなる社会が，一方の勝利か引き分けという状態に至ることになる。この一連の過程は，少しフォーマルな言い方をすると，一定の規則（ルール）下での行為者(以下「プレイヤー」という)の相互行為の結果として，ある「社会状態」が成立する過程と理解することができる。

　このようなものの見方にもとづいて，安定した社会状態の成立を説明するために工夫されたモデルは「ゲームの理論」といわれている。この場合のゲームとは，各プレイヤーの行動を規定する枠組み，すなわち一組の社会的与件としてのルールを意味しており，そのルールにもとづいておこなわれた行為の集積結果として社会状態が説明されることになる。ルールというと，言葉のイメージから，行為に縛りがかけられて動けない状態を想像するかもしれないが，むしろ置かれている状況に関してプレイヤーが利用できる知識や情報の束であると考えた方がよい。プレイヤーの本質は，それらを生かしていかにして自分の状態を良くするか，推論を働かせている点にある。また，プレイヤーとはいっても必ずしも個人を指すとはかぎらない。前述したようにチームや組織のような集合的行為者である場合もあるし，生物を想定してもよい。最近では遺伝子をプレイヤーとするような研究もなされている。

ゲームの種類　　一口にゲームの理論といっても，その種類はさまざまである。他者とさまざまなやりとりをする場合，どのような状況下にあることが多いのか考えてみよう。まず，何かをおこなう際に，事前に相手と話し合えるか否か，その話し合いの結果は拘束性があるか否かという問題があるだろう。行為者間で一種の約束を交わして結託し，協力すればどのような合意に至ることができるかが問題となる状況と，そうではない状況とがあるのである。前者は

協力ゲーム，後者は非協力ゲームとよばれる。

　【定義1　非協力ゲーム】　プレイヤー間に拘束力のある取り決めが不可能であり，個々のプレイヤーは自分の利益を最大化しようとするだけで，個別の行動のみがなされる状況のモデルを非協力ゲームという。

　なお，ここでの「非協力」というのは，日常的な意味での利害の対立を必ずしも意味しない。むろん，利害の対立する非協力ゲームも存在する。しかし，はぐれて連絡の取れない2人が，再び落ち合う場所を考えている状況も非協力ゲームである。会いたいという点で両者の利害は一致しているが，どこに探しに行くかは自分ひとりで決定せざるをえないからである。この非協力ゲームについては，サッカーがそうであるように，一方のプレイヤーの利得がそのまま他方の損害となるような状況と，そうはならない状況とがある。前者はゼロ・サムゲーム，後者は非ゼロ・サムゲームとよばれる。前者は後者の特殊な形であるといってよい。

　また，ゲームの回数に関しては，それがプレイヤーが一度だけ行動する状況なのか，やりとりが繰り返し続いていく状況なのかという違いもある。プレイヤーに与えられた個々の選択機会のことを手番というが，前者は一度きりの同時手番によって結果が導かれる静学ゲーム，後者は手番が繰り返される動学ゲームであるといわれる。

　つぎに，プレイヤーの利用できる情報からみてみると，まず，各プレイヤーが各々の選んだ行為の組み合わせから，どのような結果が生じるか（これを利得関数という）知っており，そのことがすべてのプレイヤーにとって共通の知識となっている状況と，プレイヤーが他のプレイヤーの利得関数について不確実な情報しかもたない状況が存在する。前者は完備情報ゲーム，後者は不完備情報ゲームという。ジャンケンは，非協力，ゼロ・サム，静学という特徴をもつゲームであるが，それぞれの手の組み合わせがいかに勝敗を決定するか，当事者同士はよくわかっているので，完備情報ゲームであるといえる。他方，オークションのように，その品物に対する各人の価値づけが不明のような場合は不完備情報ゲームということになる。つぎに，動学ゲームにおいて，現状がどの

ような経緯によって成立しているか知っている状況と，そうではない状況とがある。前者は手番が相互監視の元で交互になされる場合であり，将棋，囲碁などはその典型である。このようなゲームは完全情報ゲームといわれ，プレイヤーは，それまでに繰り返されてきたゲームに関する完全な歴史を知っている。他方，繰り返し状況ではあっても手番が同時になされるような場合，その1回の相手の出方がわからない以上，ゲームに関する不完全な歴史しか知らないことになる。このようなゲームは不完全情報ゲームといわれる[1]。

　本章では，現在ゲームの理論の中心となっている非協力ゲームの中で，もっともシンプルな，完備情報である1回きりの静学ゲームを中心にみていくことにする。

2．ゼロ・サムゲーム

何人候補者を立てるべきか　「ゼロ・サム」とは，上述したようにある社会状態における各プレイヤーの利得の合計（サム）がゼロになることを意味している。つまり，一方の利益はそのまま相手の損失になっており，われわれが遊ぶいわゆるゲーム，スポーツの試合（ゲーム）も同様の形になっていることが多い。ただ，それらのゲームは選択肢を記述し，その結果を予想するにはきわめて複雑なので，以下では別の例をもちいてみていくことにしよう。

　つぎのような状況を考えてみよう[2]。ある地域選挙において，2大政党の甘党と辛党はそれぞれ55％，45％の支持率をえていることがわかっている。いずれの党においても個々の候補者間に差はなく，各候補者の得票率は，所属政党の支持率を当該党の候補者数で均等分したものとなる（たとえば甘党から3人が立候補すれば，各候補者の得票率は55％／3＝18.3％となる）。いま3つの議席をめぐって選挙がおこなわれている。当然，選挙であるから得票率の高い上位3人が当選する。このような状況であなたは辛党の選挙対策委員を務め

---

[1]　ゲームの種類は本文にあげたものにはとどまらない。相手の出方を予想した上で戦略を立てるメタ・ゲームや，情報に関しては，プレイヤー同士が同じ情報をもっているかという対称性や，ゲームの途中に自然が介入するかしないかという確実性なども考察の対象となる。

[2]　この事例は大村のモデル（大村 1990，120-125頁）を単純化したものである。

ているとしよう。辛党は何人の候補を立てるべきだろうか。候補者数を変えたときの各候補者の得票率は表 2.1 のとおりである。

表 2.1 各候補者の得票率

候補者数		1 人	2 人	3 人
得票率	甘党	55.0%	27.5%	18.3%
	辛党	45.0%	22.5%	15.0%

相手の出方を予測して考えてみよう。たとえば，甘党が 2 人候補者を立てた場合，こちら（辛党）も候補者が 2 人であれば，甘党候補者の得票率は 27.5 ％ずつ，辛党候補者は 22.5 ％ずつとなり，議席は甘党 2 人，辛党 1 人となる。

> 問 1　甘党，辛党がそれぞれ 0 人から 3 人までの候補者を立てたとき，各党の獲得議席は何人ずつになるか計算せよ。

利得表　このようにして，それぞれの候補者数の組み合わせが，議席をどのように決定するのかみたものが表 2.2 である。各ます目（「セル」という）は，それぞれの政党の候補者数の組み合わせから生じる状態（＝獲得議席数）を示しており，左側の数値が辛党に，右側の数値が甘党に対応している。なお，現実には候補者がいないことで議席が空白になることはありえないが，この場合は話を単純化するためにそのような場合も想定している。

さらにその結果から，甘党との議席差を辛党側からみたものが表 2.3 である。この議席差が各党の利得を表現している。ゼロ・サムゲームであるので，利得表に示されたプラスの数値はそのまま甘党にとっての損失，マイナスの数値は逆に利益を意味する。つまり，この表の数値の符号を入れ替えれば，甘党側からみた辛党との議席差になる。そしてこの表 2.3 こそ，ゼロ・サムゲームを考察する際の基本となる利得表である。

この状況は以下のように整理される。①プレイヤーの数は 2 人，②ゲーム結

果についての2人のプレイヤーの利得の合計は常にゼロ，③各プレイヤーのとりうる戦略は各4つで有限，④ゲームが行われるのは1回きり（静学ゲーム），

表2.2 辛党，甘党の当選者数

甘党

		0人	1人	2人	3人
辛党	0人	0, 0	0, 1	0, 2	0, 3
	1人	1, 0	1, 1	1, 2	1, 2
	2人	2, 0	2, 1	1, 2	2, 1
	3人	3, 0	2, 1	1, 2	0, 3

表2.3 利得表

甘党

		0人	1人	2人	3人
辛党	0人	0	-1	-2	-3
	1人	1	0	-1	-1
	2人	2	1	-1	1
	3人	3	1	-1	-3

そして⑤相手のとりうる戦略についてはお互いに既知（完備情報ゲーム）である。また，利得表にそって各プレイヤーの戦略決定方針を考えると，行側，すなわちあなた（＝辛党）は利得表の数値を最大にしようとする最大化プレイヤー，列側，すなわち甘党は数値を最小にしようとする最小化プレイヤーであると位置づけることができる。各プレイヤー（政党）はこの利得表から採用すべき戦略（選択肢）を決めなければならない。辛党の選挙対策委員長たるあなたは何人の候補を立てるべきだろうか。

3．戦略の決定

優越戦略　ゲームの理論においてプレイヤーが選ぶべき行動を「戦略」といい，採用すべき戦略が定まった場合，その戦略は「最適戦略」とよばれる。ゲームの理論の1つの柱はいかにしてこの最適戦略を決定するかという点にある。章タイトルが「戦略ゲームのモデル」となっているのはそのためである。最適戦略決定のためのプロセスを順を追ってみていくことにしよう。

　まず最初に，自分の取るべき戦略は実質上はいくつなのか確認する必要がある。一見多くの戦略を取りうるとしても，その中に，自分のある戦略よりも常

に悪い結果しか生まない戦略が存在する場合，そのような劣った戦略を考慮することは意味がないからである。表2.3の，辛党における「0人」という戦略（以下「0人戦略」）と「2人」（同様に以下「2人戦略」）という戦略を比較してみよう。行プレイヤー（辛党），列プレイヤー（甘党）の戦略の組は「（行プレイヤーの戦略，列プレイヤーの戦略）」と表される。もし辛党の0人戦略に対して甘党が1人戦略を採用した場合，戦略の組は（0人，1人）となり，表2.3の当該セルの値は－1であるから，辛党の利得は－1となることがわかる。同様に（2人，1人）の場合の利得は1となるので，甘党が1人戦略を採用する限り，辛党は2人戦略を採用した方が良い結果を得られることになる。同様にして甘党が各戦略を採用したときを想定して比較すると，いずれの場合も辛党は0人戦略よりも2人戦略を採用した方が良いことがわかる。このような場合，2人戦略は0人戦略に優越する，という（「支配する」ともいう）。

【定義2　戦略の優越】　相手のプレイヤーの戦略にかかわらず，ある戦略が他の戦略よりも常に望ましい結果をもたらす，つまり利得が常に大きいか等しいとき，前者の戦略は後者の戦略に優越するという（「支配する」ともいう）[3]。

　その戦略がもたらす利得が，常に他のある戦略の利得よりも小さいとき，当該戦略は被優越戦略である。被優越戦略は，プレイヤーにより望ましくない結果しかもたらさないので，決定すべき戦略の範囲からは脱落する。逆に，もしある1つの戦略が他のすべての戦略に優越するとき，そのような戦略のことは「優越戦略」とよばれる（「支配戦略」ともいう）。ゲームによっては優越戦略をもつものがあり，実質上プレイヤーに与えられた戦略はそれ1つになる場合も存在する。この場合，プレイヤーに即していえば，相手がどのような戦略をとってこようとも，常に採用すべき戦略，すなわち最適戦略は一意となる。

---

[3]　これは弱く優越する場合であって，厳密に優越する場合は，ある戦略のもたらす利得が，もう1つの戦略のもたらす利得よりも厳密に大きくなければならない。

> **問2** 表2.3から被優越戦略を取り除いてみよ（甘党の側から考えた方が簡単であるが，利得表の値はマイナスに大きい方が甘党にとっては望ましいので注意）。

表2.4は，表2.3から被優越戦略を取り除いたものである。これを見るとあなた（辛党）は簡単には戦略を決定できないことがわかるだろう。もし甘党が2人戦略を採用した場合には，こちらはどの戦略でもよいが，3人戦略を採用してきた場合には2人戦略の方がよい。この状況は甘党においても同様であり，辛党が2人戦略の場合は2人戦略を，3人戦略の場合は3人戦略を採用するべきである。このようなとき，合理的プレイヤーのはどのような原理にもとづいて戦略を決定すべきだろうか。

表2.4 被優越戦略を取り除いた利得表

甘党

		2人	3人
辛党	2人	−1	1
	3人	−1	−3

ミニマックス原理　ここで1章の合理的選択の考え方を思い出してみよう。期待利得や期待効用を最大化するということは，実は期待される損失を最小化していることと同じであることに気がついただろうか。たとえば，1章冒頭の賞金くじの例を少し変えて，損失ということがわかりやすいように，各くじを買うには2万円かかるとして考えてみよう（16-7頁）。Aのくじの期待値は3万円，Bのくじは−1万円になるから，Bのくじの期待損失の方が大きい。つまり，Aのくじが選ばれるのは，より期待損失の小さい選択肢だからであるといい直せる。結局，合理的選択者とは各戦略の中でより悪くはない戦略，すなわち最低限得られる利益であるところの「保証水準」を最大化する戦略を選択する存在なのである。そして，ゲームの理論のプレイヤーについても，基本的には同じ考え方をすることが多い。

> **問3** 表2.4の利得表から，あなた（辛党）が2人戦略を採用した場合に，想定される最悪の結果は，相手（甘党）がどのような戦略を採用したときか考えよ。また，そのときの利得はどうなるだろうか。3人戦略を採用した場合についても考えよ。

辛党から見ると，自分が2人戦略を採用した場合の利得は，甘党も2人戦略を採用した場合，すなわち（2人，2人）のとき－1，甘党が3人戦略を採用した（2人，3人）ときには1になる。利得がより小さいのは－1であるから，辛党が2人戦略を採用した場合の想定される最悪の結果は，甘党が2人戦略のとき，利得は－1である。同様に3人戦略の場合は，最悪の結果は（3人，3人）のときで，利得は－3となる。つまり，辛党にとっての最低限の利得は，2人戦略のとき－1，3人戦略のとき－3である。

【定義3 ミニマックス原理】 相手の各戦略によって起こりうる最悪の結果を考慮し，自分のえられる最低限の利益，すなわち保証水準を最大化しようとする戦略決定の原理をミニマックス原理という。

このように，各戦略の最悪の結果を比較して，そのなかでもっともよい（ましな）結果を可能にする戦略をとれば，最低限得られる利益の保証水準は最大化される。これこそ，相手がどのような戦略を採用しようとも確実に獲得できる利得である。利得表の表記にそって考えると，辛党は，各行に示されたその戦略のもたらすもっとも小さな値（ミニ）の中の最大の値（マックス）を選択する，つまり2人戦略を採用することになる。

他方，甘党も同様の原理にもとづいて戦略を決定すると考えると，比較するのは各列の利得となり，利得の読み方も逆になる。前述したように，ゼロ・サムゲームであるということは，利得表に示された数値が大きいほど甘党にとっての利益は小さくなるので，甘党は，各列に示された，その戦略のもたらすもっとも大きな値（マックス）の中の最小の値（ミニ）を採用する。甘党にとって，自分が2人戦略を採用した場合の最低の利得は，利得表の値の－1（の符号を

逆にした数,即ち1),3人戦略の場合は1(の符号を逆にした数,即ち－1)となるので,甘党はより損失の小さくなる2人戦略を採用すべきだということになる。

　以上のことから,保証水準を最大化しようとする場合,辛党にとっての最適戦略は候補者を2人立てること,甘党にとっての最適戦略も候補者を2人立てるべきことがわかる。このような意思決定のプロセスを経て,各プレイヤーが最終的に採用した戦略の組み合わせを「ゲームの解」といい,ゲームの解が示す利得は「ゲームの値」という。したがって,このゲームの解は(2人,2人),ゲームの値は－1となる。表2.2にもどって獲得議席数をみると,辛党は1議席,甘党は2議席を獲得することになる[4]。

4. ナッシュ均衡

不安定な状態　　さて,本章の冒頭では,ゲーム理論を「安定した社会状態」の成立を説明するモデルであると位置づけている。実はこの「安定」こそ,ゲームの理論のもう1つの重要な柱である。特に気をつけなかった読者の方もいると思うが,この安定とはどのように考えればよいのだろうか。次にこの点について考察してみよう。

　変化が生じやすいとき,その状態は不安定だといわれる。したがって安定しているとは,当然のことだが,そのような状態が変化しにくいということである。ゲーム状況に即して考えると,前節でみたように,プレイヤーの到達した「社会状態」とは,複数のプレイヤーの戦略の組み合わせ,すなわちゲームの解そのものであった。したがって,その状態が変わるということは,プレイヤー

---

[4] 保証水準を最大化する,というミニマックス原理の他にも戦略決定のための原理を考えることができる。3つほど挙げておこう(Lave and March 1975＝訳1991, 105-110頁)。①楽観的決定原理(マキシマックス):各戦略の最良の結果を比較して,そのなかでもっとも良い結果を可能にする戦略を選択する原理。②最小範囲決定原理(ミニレンジ):各戦略の最良と最悪の結果を比較して,その差がもっとも小さくなる結果を可能にする戦略を選択する原理。③最大後悔最小化決定原理(ミニマックス・リグレット):検討している戦略において,自分にとって最悪の結果をもたらす相手の戦略を見つけ,もし逆に相手のその戦略がわかっていたら自分が採用したであろう戦略を考える。そしてその時の最高の利得と,元の戦略がもたらす最低の利得とを比較し,その差を最小化する戦略を選択する原理。もし余裕があれば,これらの決定ルールを使って,表2.4のゲームの結果がどうなるか考えてみよう。

が自分の戦略を変えるということと等価である．つまり，その社会状態から抜け出そうという誘因，すなわち現在採用している戦略を変える誘因をもつプレイヤーが1人でもいれば，ゲームの解はただちに変化する．その際，元の社会状態は不安定だと考えられる．

表 2.5 のような利得表を考えてみよう（見方は表 2.2 と同じ）．追跡者と逃亡者がおり，港に行くという戦略と，駅に行くという戦略をもっている．追跡者は逃亡者を捕まえようとし，逃亡者は逃げようとするわけだから，追跡者は

表 2.5 「いたちごっこ」の利得表

		逃亡者	
		港	駅
追跡者	港	3, 0	0, 3
	駅	0, 3	3, 0

逃亡者と同じ戦略を，逃亡者は逆に相手とは異なる戦略を採用しようとする．

仮に（港，港）という状態が実現したとしよう．相手の「港」という戦略を所与とする場合，追跡者は戦略を「駅」に変更すると利得が減少するため，そのような誘因はもたない．ところが，逃亡者はそれとは逆に，戦略を「駅」へ変更すれば相手から逃れられため，戦略を変更しようとする．つまり，（港，港）という状態は，一方のプレイヤーに離脱しようとする合理的誘因が存在するため不安定である．このことは，つぎに実現するであろう（港，駅）についても同様であって，今度は追跡者に戦略を変更する誘因が発生してしまう．結局このゲームは，いわゆる「いたちごっこ」になっており，すべての状態（セル）が不安定であることがわかる．

安定した状態　このように考えてくると，社会状態が安定しているとは，そこから抜け出そうという誘因，つまり戦略を変える誘因をもつプレイヤーが1人もいないことだと想像がつくだろう．

> **問 4** 表 2.4 のゲームの結果,あなた(辛党)も相手(甘党)も 2 人戦略を採用するという,1 つの社会状態が実現したとしよう。もし,その状態を所与として,もう一度戦略を変えてもよいといわれたなら,あなたはどうすべきだろうか。また,甘党に即して考えるとどうだろうか。

辛党からみていくと,もし 2 人戦略を 3 人戦略に変えると状態は真下のセルに移動する。しかしながら利得は -1 から変化しない。他方甘党からみると,もし 2 人戦略を 3 人戦略に変えると状態は真横のセルに変化し,利得は 1,すなわち甘党にとっては損失が出てしまう。つまり,相手の戦略を所与とすると,実は辛党も甘党も戦略を変える誘因をもちえないことがわかる。その意味において,実現している(2 人,2 人)という社会状態は安定したものだということができる。

このような意味で安定しているといえる社会状態は,発案者であるナッシュ[5]の名をとって「ナッシュ均衡」とよばれる。

> **【定義 4 ナッシュ均衡】** 自分以外のプレイヤーが,現在の戦略から逸脱しないことが所与とされるとき,自分だけが戦略を変更しても,利得を増やすことができず,しかも同じことがすべてのプレイヤーについてあてはまる状態のことをナッシュ均衡という。

言葉をかえると,ナッシュ均衡とは,すべてのプレイヤーにとって,自分 1 人が行動を変えても得することができない状態,すなわち,プレイヤーの誰一人として自分の戦略から逸脱する動機をもたないような戦略の組み合わせのことである。このアイデアはゲーム理論のもっとも重要な方法論的基礎であるといってよく,非協力ゲームを用いた分析の多くは,このナッシュ均衡を求める形でなされている。最近では,ナッシュ均衡をもちいた非協力ゲームの理論が,戦略的状況を分析するのにもっとも適している,という合意があることも指摘されている(神取 1994, 20-30 頁)。

---

[5] 2002 年アカデミー作品賞を受賞した映画『ビューティフル・マインド』の主人公であるジョン・ナッシュである。

両性の戦い　　ナッシュ均衡をさらに検討するために，今度は非ゼロ・サムゲームをもちいて考えてみよう．表2.6は一般には「両性の戦い」として知られるゲームを少し変形したものである．表現がやや殺伐としているが，対象となっているのは現在つきあっている男女のかけひきである．それぞれデートでコンサートに行きたいと考えており，両者とも行きたいコンサートに関しては自己中心的であるが，愛し合っているので，必要ならば自分が見たいものを犠牲にしても2人で一緒にいたいと考えている．男性の側はもし1人で行くならオペラの方がよいが，一緒にいれさえすればオペラでもロックでもよいと思っている．女性にとっても2人で一緒にいることの方が重要だが，オペラよりロックに行きたいと思っている．

表 2.6　「両性の戦い」の利得表

		男性	
		オペラ	ロック
女性	オペラ	1,　3	−2, −2
	ロック	−1, −1	3,　3

問5　表2.6におけるナッシュ均衡を探してみよう（2つある）．

　ナッシュ均衡になっているのは男女ともオペラに行くという状態と，男女ともロックに行くという状態である．いずれの場合も戦略を変えると出会えなくなるため，両者ともその状態を変えようとはしないと考えられる．このようにナッシュ均衡は複数存在する場合もある．ただし，複数の均衡がある場合は特にそうだが，合理的プレイヤーであれば必ずナッシュ均衡に到達するかどうかは必ずしも確定的ではない．むしろナッシュ均衡の定義が先に存在していて，その概念が与えられたとすれば合理的プレイヤーは納得せざるをえない，というのが事実に近いとの指摘がなされている（村田 1992，3頁）．確かに男女とも，相手と一緒にいることをもっとも大切に考えるなら，何が何でもオペラ，あるいはロックコンサートに行きたい，という特定の結果を目指した行動はで

きず，しかしながら結果がどちらかに定まれば，その状態を納得して受け入れるという感じであろう。

では，このような状態で特定のナッシュ均衡が実現されるにはどうすれば良いのだろうか。事前に話し合う，というのがもっとも一般的な方法であるが，もしそれが不可能なら何が起こるだろうか。基本的に話し合いができないのが非協力ゲームであるから，そのようなことを考えておく価値は十分にある。たとえば上記のゲームでは先導者利益が存在している。つまり，男女とも一方がチケットを購入する等の手段で，戦略を相手より先に提示すれば自分に有利な結果を導くことができる。また，同じ状況が繰り返されることによって，特定のナッシュ均衡が正当化される場合もある。オペラとロックをそれぞれ男性が行きたいデートポイント，女性が行きたいデートポイントと一般化すれば，デートを繰り返すうちに，男女いずれかの行きたいところに行く頻度が増すと考えられる。

フォーカル・ポイント（焦点）　これらのことから，複数存在しうるナッシュ均衡が心理的理由によって，特定の１つに定まっている場合があることがわかる。たとえば，東京や大阪ではエスカレーターに乗る場合に，急ぐ人のために片側を空けて立つということが定着しつつある。この状態はナッシュ均衡である。仮に２人分の幅があるとすると，立って乗っている人が全員左側か，あるいは全員右側にいれば，急ぐ人のための道は確保される。自分を除く全員が片側にいるときに，自分だけ逆側に立つと後ろから突き飛ばされる危険があるので，合理的な個人は皆が立っている側に自分も立つという戦略を変える誘因をもたない。面白いのは，東京と大阪では立つ側が異なっており，東京では左側なのに対し，大阪では右側であることである。東京では右手に荷物を抱えた人が多いので，左手で手すりをつかむために左に立つ場合が多く，大阪では手ぶらの人が多いので右側に立つ場合が多いなど，いろいろと最初のきっかけや理由を想像することはできるが，むしろ重要なのは「皆が左（右）に立つので自分も左（右）に立つ」という心理が働くことにある。このような心理的理由にもとづくナッシュ均衡はフォーカル・ポイント（焦点）といわれる（Schelling 1960, p.68）。たとえば皆が揃わないと始められない定例会議を定刻通りに始

めるか，10分遅れで始めるかといった問題などもそれにあたる。

　このフォーカル・ポイントに関する問題の1つは，硬直性であるといわれている（Rasmusen 1989 = 訳 39-40頁）。福岡県は車の信号無視が多いことで知られているが，これはすべてのドライバーが無視しようとして無視しているというよりも，無視しなければ追突されると感じていることが大きい。つまり「皆が無視するので」自分も無視するという戦略を変えられないのである。交通法規はあるにせよ，赤信号できちんと停止することも，同様の理由が働いていることは否めない。「皆が停止するので」自分も停止しなければ追突してしまうからである。つまり，赤信号で止まることも，信号を無視することもナッシュ均衡であるにもかかわらず，福岡県では現実に信号無視がフォーカル・ポイントとなっているがゆえに，より安全ではあるはずの赤信号での停止は実現していないのである。

パレート最適　　このように，ナッシュ均衡は必ずしも望ましくない社会状態である可能性もあることから，最後に，安定した社会は望ましい社会といってよいかどうか考えてみよう。望ましい社会状態の基準としてよくもちいられる概念は，これも発案者の名前からつけられたパレート最適性といわれるものである。

　【定義5　パレート最適】　他のいかなる個人状態をも悪化させることなく，ある個人の状態を改善することの不可能な状態をパレート最適という。

　これは，ある特定の個人の利益を促進しようとすれば，必ず誰かの利益を損なわざるをえない状態を意味している。少々ややこしい感じだが，社会に利用できる資源や財は有限だと考えるとわかりやすい。パレート最適の状態とは，それらの資源や財を使いきっていて，全員の有利化は極限まで高められている状態である。その状態で自分の利益を増やそうとすれば，他者から取り上げるしかないので，その状態をこそ社会全体にとっては最適状態だと考えようというわけである。逆にいうと，パレート最適ではない状態（パレート非最適）は全員が有利となるよう状態を改善する余地がまだ残っているので，もっとも望

ましい社会状態ではないということになる。この考え方は，自由という条件との適合性がきわめて高い。なぜなら，誰かの状態を悪化させることがないかぎり，個人は自由に自己の利益追求を行うことを認めているからである（宮本1990，15-20頁）。

問6 表2.6におけるパレート最適なセルを探してみよう（1つある）。

　パレート最適になっているのは男女ともにロックコンサートに行く場合のみである。2人ともオペラに行く状態から，2人ともロックに行く状態へ移行すると仮定した場合，男性の側はどちらでも利得に変わりはなく，女性は利得を高めることができる。つまり，女性は男性の利益を損なうことなく，自分の利益を高められるので，2人ともオペラに行くという状態はパレート最適ではないのである。

　このようにパレート最適性とナッシュ均衡とは必ずしも一致しない。前述の信号無視の例はその典型である。安定した社会状態が必ずしも望ましい社会状態ではない，というのはわれわれの社会の成り立ちを考える上できわめて重要な示唆となっている。さらにはナッシュ均衡ではないパレート最適性が存在する場合さえある。この問題は個人の合理性と社会の合理性との乖離であるといえ，きわめて面白い問題を含んでいる。これについては次章で詳しく検討する。

文献案内
中山幹男　1997　『はじめてのゲームの理論』　有斐閣ブックス
　タイトルのとおり，初めてゲームの理論に接する人のための解説書。最初に多くの実例を使って，ゲームの理論の考え方に慣らしてくれるので，とっつきやすい。また，最新の研究領域である進化論的ゲーム等も紹介されており，他の入門書にはみられない広がりももっている。

ラスムセン　1989　『ゲームと情報の経済分析ⅠⅡ』　九州大学出版会（1990）
　これもタイトルのとおり，どちらかといえば経済学向けの内容となっているが，2巻本であり，包括的な議論をいずれも詳しく扱ってくれている点で貴重である。また，練習問題も解答つきで載せられているので理解を確かめることもできる。

3章

互酬性のモデル

平田　暢

　2章では，相互行為状況における戦略決定とその帰結を，ゲームの理論をもちいて考察した。本章では同じモデルを発展させて，互酬性をめぐるメカニズムを考えていく。「互酬性」という言葉は耳慣れないかもしれないが，社会科学の領域では，字義の通り自分と他人との間に生じる「返礼」の相互行為とされており，「互恵性」ともいわれる。互酬性は社会関係において大変重要な役割を果たしており，どういう形で互酬性が期待され，また実行されているかを知ることは，個人と集団両方の理解に欠かせない（新社会学辞典 1993，459頁）。この互酬性は，直観的には，家族の中で典型的にみられるように，道徳心や利他心をもった行為者間においてのみ成立するようにも思える。普通利己的な行為者は自分のことに汲々とするのみで，他者のことなど気にかけそうにはないからである。

　ところがそのような直観に反して，利己的な行為者同士であっても状況次第では自分たちのみで協力関係を築くことは可能である。というよりも，一般社会にみられる社会関係は，むしろ利己的な行為者間のつくりだした互酬的関係であることの方が多いのではないか。以下では，そのような観点から，まず利害が対立する状況を「囚人のジレンマゲーム」に求め，そこからいかにして互酬性が生まれるか，そのメカニズムをみていくことにしよう。

1. 囚人のジレンマ

値下げするか，しないか　あなたは自動車にガソリンを入れるとき，どのガス・ステーションを利用するだろうか。ガソリンの質に差はないとして，移動コストを無視すれば，基本的にはガソリン1リットル当たりの単価の安いところを利用するだろう。このことを頭において，今度は逆に，ガス・ステーションの経営者の立場から，どのように価格設定をおこなうか考えてみよう。

あなたの経営するガス・ステーションの近所には別のガス・ステーションがあり，お互いライバル関係にあるとしよう。ライバル関係であるというのは，現時点ではガソリンの質やサービスに差はなく，その地域の利用者（＝顧客）のシェアを分け合っており，しかも両者とも現状よりも多くの利益を上げることを企図しているということである。個々の経営者は自分の利益を最大化しようとして個別に戦略の決定をおこなっているので，ゲームの理論の分類をもちいると，これは非協力ゲームの状況である。その状況であなたは，価格設定をどのようにおこなうだろうか。

基本的に顧客の多寡を決めるのは価格設定であるから，採用しうる戦略は値下げをするか，しないかの2つということになる。値下げをしない場合，ガソリン1リットルを売ったときの純益は比較的大きいが，現状以上に顧客を増やすことはできない。逆に値下げをすれば顧客を増やせる可能性はあるが，1リットル当たりの純益は小さくなる。このとき，相手の経営者も同じ選択肢をもっていると考えられるので，結果に関しては以下の可能性があることになる。すなわち，①お互いに値下げをしない，②自分は値下げをしないが，相手は値下げする，③逆に自分は値下げするが，相手はしない，④お互いに値下げする，の4つである。表3.1はその状況を利得表にまとめたものである。

> **問1**　このような状態に置かれたとき，あなたは値下げをするだろうか，しないだろうか。2章でみたやり方で考えてみよう。考える手順としては，相手が値下げしない場合，値下げする場合それぞれについて，自分はどちらの戦略を採用するべきか検討してみるとよい。

多くの人は「値下げする」という戦略を採用したと思う。表3.1をみると，その選択が合理的であることが確かめられる。相手の選択に即して考えると，もし相手が値下げをしないと仮定できるならば，自分も値下げしなければ現状のままだが，値下げすればライバルよりも顧客数を増やすことができる。逆に相手が値下げした場合，自分は値下げをしないと顧客を取られてしまうので，対抗上値下げをした方がよい。したがって，結局は相手の戦略とは無関係に，自分にとっては値下げするという戦略が合理的となる。また，この状況は相手のプレイヤーにとっても全く同じである。したがって，2章と同様に行プレイヤー（経営者 X），列プレイヤー（経営者 Y）の戦略の組を「（行プレイヤーの戦略，列プレイヤーの戦略）」と表すと，（値下げする，値下げする）がゲームの解になる。

しかしながら，この結果は両方のプレイヤーにとって望ましいものではない。お互いに値下げをすると，結局顧客のシェアは変わらず，1リットル当たりの純益だけが小さくなってしまうからである。もし，そのことがわかっていれば，値下げしないままでいるという戦略をとってもよさそうに思えるが，合理的であるはずの選択の結果，そうならなかったのはなぜだろうか。

表3.1 値下げ競争の利得表

		経営者 Y	
		値下げしない	値下げする
経営者 X	値下げしない	3, 3	0, 5
	値下げする	5, 0	1, 1

なぜジレンマなのか 2章で学んだことを用いて，このゲームの解のもつ意味を少し考えてみよう。まず，相手の戦略にかかわらず，自分がとるべき戦略が決まっているということは，その戦略は優越戦略になっていることを意味している。つまり，合理的な経営者（プレイヤー）であれば，常にとるべき戦略，すなわち最適戦略は一意に定まり，必ず値下げするという戦略をとらざるをえないのである。

ここ数年，競争が自由化されたことでガソリン価格は極めて低くなっており，ガス・ステーション間の競争も激化している。大型家電販売店同士の価格競争を始め，価格破壊とよばれる現象も目につく。また，公共工事等の競争入札も，価格競争の変形といってよい。現実には，それぞれの資本力なども影響しており，倒産するケースも見受けられるが，いずれの場合も基本的な構造はこの事例と同じである。

> **問2** ゲームの解はナッシュ均衡になっているだろうか。確かめてみよ。またパレート最適になっているかどうかも確かめてみよ。

　まず，（値下げする，値下げする）という解を所与とした場合，各プレイヤーは戦略を変えることによって，利得が1から0へと減少してしまう。すなわち，全員（2人とも）自分1人が行動を変えても利益を増やすことができないため，この状態はナッシュ均衡である。他方，このゲームの解を（値下げしない，値下げしない）というセルと比較すると，2人ともに相手の利益を損なうことなく，自分の利益を増やせることがわかる。つまり，少なくとも1人には（この場合は全員だが），有利となるよう状態を改善する余地がまだ残っているから，この（値下げする，値下げする）という解はパレート最適であるとはいえない。

　逆に（値下げしない，値下げしない）というセルを所与とすると，このセルはパレート最適性を満たしており，しかも両者の利得の合計が4つのセルの中でもっとも大きく，社会全体のレベルではもっとも望ましい帰結であることがわかる。ところが，各プレイヤーは戦略を「値下げする」に変更することによって，利得を3から5へと増やせるため，その状態にとどまり続ける誘因をもちえない。

　2章でみたように，ナッシュ均衡はその社会状態の安定性を意味し，パレート最適性はその社会状態の望ましさを判断する基準であった。いいかえると，前者は個人的合理性の基準であり，後者は社会的合理性の基準であるのだが，このゲームではその両者が見事に乖離していることがわかる。このゲームが「ジレンマ」とよばれる理由はそこにある。

表 3.2 囚人のジレンマゲームの利得表

	プレイヤー Y	
	協力	裏切り
プレイヤー X　協力	R, R	S, T
プレイヤー X　裏切り	T, S	P, P

ただし $T>R>P>S$
$2R>T+S$

囚人のジレンマの事例　表 3.2 は表 3.1 をもとにして，より一般的にゲームの構造を表したものである．ガス・ステーションの例において，値下げするという戦略は，もしお互いにその戦略をとればパレート最適な結果がえられるという点で相手への「協力」を意味し，逆に，値下げしないという戦略は相手を出し抜いて利益をえようとする戦略になっているから「裏切り」を意味する．また，各セルの利得を一般的に表すと，相互協力した場合（協力，協力）は，報酬が与えられるので，英語の「報酬」の頭文字をとって R, 自分だけが協力して裏切られた場合は，英語の「お人好し」の頭文字をとって S, 同様に，自分だけが裏切って利益を得た場合は，そのような「誘惑」によるので T, 相互裏切りの場合は，望ましからざる結果という「懲罰」を受けるので P となる．ただし，ゲームの利得構造から，利得の大きさは T がもっとも大きく，R, P, S の順番になっており（$T>R>P>S$），また社会全体としては相互協力がもっとも望ましく，その際の 2 人の利得の合計「$2R$」は，一方のみが裏切りに成功した場合の，社会全体の利得「$T+S$」よりも大きい（$2R>T+S$）．

　このようなゲームは，節タイトルにもあるように囚人のジレンマゲームとよばれる．このような名称があるのは，共犯関係にあり余罪で逮捕された囚人 2 人が，自白するか黙秘するか，という戦略決定の状況として最初に描かれたからである．この他にも，同様の利害構造をもつさまざまな事例が考えられる．

問 3　字義どおりの「囚人のジレンマ」では利得表がどうなるか考えてみよ．また，他の事例も挙げてみよ．

原形の囚人のジレンマにおいては，黙秘が協力，自白が裏切りになる。これはお互いが黙秘すれば余罪のみで，つまり短い刑期で出所できるにもかかわらず，自分のみが自白すれば情状酌量により，より短い刑期で出所できること，逆に，もし相手が自白しているときに自分だけ黙秘すればもっとも長い刑期を科せられるからである。

　他の事例として有名なものに，冷戦時代の米ソ両国や最近のインド，パキスタンにみられるような軍縮問題がある。両国ともに軍縮すれば良いのだが，軍事的優位に立てるメリット，逆に軍事力に差をつけられた時のデメリットから軍拡という戦略を選択してしまう（Rapoport 1965-1968 ＝ 訳1969）。また，国際貿易関係において，関税を高くするか，低くするかというのも国家間のジレンマである。

　デパートや映画館などで火災等が発生した場合に，一度に皆が出口に殺到する，いわゆるパニックも囚人のジレンマ状況である。他者が列を作っているときに出口に走り込めば，それだけ早く脱出できるし，逆に皆が殺到しているときに列を作ろうとすれば逃げ遅れてしまう（Coleman 1990, pp.204-205）。また，ヒョウに襲われた原始人が協力して立ち向かうか，相手を残して逃げるかという状況も考えられる（西山 1987，34-35頁）。この2つの事例はいずれも生存率を利得として考えればよい。

　その他古典的な例としては，鹿を狩ろうとして複数人で待ち伏せをしているときに，目の前に1人で狩れる兎が現れた状況（Rousseau 1755 ＝ 訳1972，89頁）や，麻薬や盗難品等のいわゆる不法取引の状況（Hofstadter 1985 ＝ 訳1997，691-693頁）などが知られている。

2．互酬性の発生

実在する協力関係　　以上のように，囚人のジレンマ状況は現実の社会においても数多くみられる。しかしながら，すべての事例がモデルから推測される帰結，すなわち（裏切り，裏切り）におちいっているといえるだろうか。

> **問4** 経験的に考えた場合，ライバル店や企業同士の価格競争，工務店同士の競争入札，大国間の軍縮問題，関税障壁問題等は，現実にはどのような形になっているだろうか。

　読者も耳にしたことがあると思うが，企業間の価格協定（「カルテル」という）が発覚し，独占禁止法によって裁かれることがある。これは，企業間で製品等の価格を一定額より下げない約束を交わすことで，シェアを守りつつ，製品の利益率を高く保とうとするものである。また，公共工事を巡る「談合」もたびたびニュースに取り上げられる。談合とは入札業者間であらかじめ話し合いをしておき，どの業者がいくらの入札価格を提示して工事を受注するか決めておくことである。このようにして各工事ごとに割り当てていけば，各業者が結果的に均等に，しかも入札にともなう受注価格の引き下げをせずに工事を請け負うことができる。軍縮問題も，冷戦期間が長引くとともに，旧ソ連とアメリカの間では話し合いのテーブルが用意され，少しずつ軍備の削減がおこなわれるようになった歴史をもっている。関税障壁の問題も，たびたび日本がやり玉にあがることがあるとはいえ，関税をきわめて高く設定する，いわゆる保護主義的な動向はあまりみられない。

　繰り返しになるが，各場面での当事者間の関係は囚人のジレンマ状況であり，本来ならば利己的な関係であるため，協力関係が生まれるのは困難だと考えられる。ところが，特に第三者が介入したり，道徳心に目覚めたりすることなく，現実には協力関係，つまり互酬性が自生的に生まれているのである。なぜこのようなことが可能になったのだろうか。互酬性が生じている事例に共通する要素はあるだろうか。

　実は，これらの事例は，関係が長期化しているという点で共通している。パニック時や不法取引を除けば，むしろ継続的に囚人のジレンマ状況に置かれている事例の方が多いかもしれない。ガス・ステーションは，ある1日だけ両者が競争状態に置かれるわけではなく，関係が数年から数十年にわたって続くことも考えられる。互酬性のメカニズムを考えるヒントはここにある。つまり，プレイヤーが利己的存在であり，短期的には協力する動機づけをもたなくとも，

関係が長期化すれば協力関係を築く契機が生まれる可能性がある。逆にいえば，カルテルや談合が法律で禁止されてるのは，そもそも法律がそれらの行為を制限しなければ，カルテルや談合等が「自然発生」してしまうという認識があるからだと考えられないだろうか。そこで以下では，関係が長期化することで，どのような戦略が可能になるかということを中心にみていこう。

関係の長さ　　関係が続くことを，囚人のジレンマ状況が複数回にわたって続くことと考えよう。このようなゲームはゲームの理論では反復ゲームや繰り返しゲームという。この場合，各プレイヤーは必ずしも1回ごとに戦略を決定しなくともよい。繰り返される長期的な関係の結果，最終的にどの程度の利益をえることが可能になるか考え，そのいわば長期戦略を立案することが可能になるからである。このような長期戦略は「繰り返しゲームの戦略」と言われる。

> **【定義1　繰り返しゲームの戦略】**　繰り返しゲームの各回において，どのような履歴(繰り返しのゲームの経緯)が与えられても，それに対処する戦略が指定されているような行動の計画書のことを繰り返しゲームの戦略という（中山 1997, 71-73頁）。

　逆に，繰り返し囚人のジレンマゲームにおいてそのような戦略をもたず，1回ごとに戦略を決定するとどうなるだろうか。上でみたように，プレイヤーは毎回優越戦略である裏切りを選択する他なくなり，結局はお互いに裏切り続けてしまうことがわかる。

　さて，関係が続くことに関しては，3つのタイプを考えることができる。その3つとは，①当事者間の関係が無限に続くことがわかっている場合，②関係がいつまで続くか回数が明確なとき，③関係は続きそうだが，いつまでそうなのか不明確なときである。

　まず，関係が無限に続く場合，総利得（利得の最終的な合計）は，各1回のゲームでえられる利得を無限大足し合わせたものとなる。たとえば各プレイヤーの長期戦略が一貫して（裏切り，裏切り）である場合の利得は「∞P」（∞は無限大を表す）となり，逆に一貫して（協力，協力）である場合は「∞R」

となる。ところが，このように無限大に足し合わされている場合，両者に差は生じず，「∞P＝∞R」が成立してしまう。これはTやSについても同様であり，結局は各1回でどのような結果が生じようとも，最終的には関係ないということがわかる。その意味においてプレイヤーにとって戦略の優劣はなく，すべての繰り返しゲームの戦略は，各1回でどの戦略をとっても良い「ランダム戦略」と同値になる。関係が永遠に続くことは，したがって，安定した互酬性の関係を築く契機とはなりえない。

　つぎに，回数が明確なときを考えてみよう。この場合ポイントとなるのは最後の1回である。最後の1回というのは，実は1回きりのゲームとまったく同じ状況である。したがって，合理的なプレイヤーは裏切ることになる。このことを前提にすると，最後から2回目も裏切るという戦略がとられると考えられる。状況は自分にとっても相手にとっても同じである。そして次の1回，つまり最後には裏切るという戦略をとる相手に対して，こちらから協力する誘因は発生しないからである。このような推論の仕方は「後ろ向きの帰納法」というが，これが働くと，最後から3回目でも裏切ることになり，結局は最初の1回までさかのぼって協力しないことになってしまう（Luce and Raiffa 1957, pp.94-102；中山 1997, 87-89頁）。このことから，仮に協力関係を築けていたとしても，いわゆる「先が見えた」状態におちいると，裏切りが生じやすいこともわかる。カルテルを結んだガス・ステーション同士であっても，相手の経営状態が悪化していることを知れば，おそらく市場を独占しようとして，値下げに踏み切るだろう。

　このように考えると，協力関係が発生しうるのは，無限ではないにせよ，先の見えない形で関係が続きそうなときであると考えられる。そのような関係の続いていく将来とは，相互裏切りを続けていくことが，結局は損失を大きくし，もしその間協力できていればそちらの方が得だったのに，と思える程度の将来だということになろう。

アクセルロッドの実験　　将来が不明確なときにのみ，繰り返しゲームの戦略が有効性をもちうるということを前提にした場合，それではどのような戦略が有効だろうか。この点に関してはR・アクセルロッドがきわめて興味深い

実験をおこなっている（Axelrod 1984）。アクセルロッドのおこなった実験とは，囚人のジレンマゲームの繰り返しゲームにおいて，どのような繰り返しゲームの戦略が有効か，コンピュータ・プログラムの形で募集し，総当たりで対戦してお互いを競い合わせるというものである。繰り返しゲームの戦略の単純なものとしては，たとえば，1回のゲームと同様一貫して裏切り続ける戦略（「allD」）や，一貫して協力し続ける戦略（「allC」）等が考えられる。なお，「D」は英語の「裏切り」の「C」は「協力」の頭文字に由来する。allD は allD と対戦すると，お互いに「$P×$繰り返し回数」分の利得しか得られないが，allC と対戦できれば各回で T の利得を獲得できる。逆に allC は allD と対戦すると一方的に搾取され，S が続くが，allC とでは R という利得を積み重ねることができる。このようにして，さまざまな相手と対戦したときに最終的にもっとも安定して多くの利得を獲得できる戦略を探そうとしたのである。

問5 あなたならどのような繰り返しゲームの戦略を提案するだろうか。自由に考えてみよ。

応募された中には，たとえば，最初は30％の確率で協力するが，その後は10回の対戦ごとにその確率を見直し，さらに全体として130回を越えた後は，それまでの自分と相手の得点を見てさらに確率を変える，というような，きわめて複雑な戦略もあった。また一方的に裏切る機会をうかがいつつ，協力をよそおうというような性格をもったものも多かったが，意外なことにもっとも安定した成績をおさめたのは，もっとも単純なプログラムであった。

そのプログラム，ないし繰り返しゲームの戦略は「しっぺ返し戦略」（英語の頭文字をとって以下では「TFT戦略」とよぶ）といわれるものであった（「応報戦略」ともいう）。

【定義2　しっぺ返し戦略】　囚人のジレンマの繰り返しゲームにおいて，最初の1回は協力し，2回目以降は前回の相手の戦略を踏襲するという繰り返しゲームの戦略をしっぺ返し戦略という。

これがなぜ「しっぺ返し」になっているのかというと，もし前回相手が裏切れば今回は裏切り返すが，もし，逆に相手が今回協力してくれば次回はただちに協力することになるからである。この戦略が安定しているのは，たとえばallDとの対戦では1回目こそ一方的に搾取されてしまうものの，2回目以降はすくなくともそのような最悪の結果におちいることはないし，allCや同じしっぺ返しとでは一貫して協力関係を積み重ねていくことができるからである。つまり，相手を一方的に食い物にして大きく利益を上げるようなことはないが，大敗はせず，協力的な関係から利益を安定して引き出すことが可能なのである。

3. 互酬性の進化

TFT戦略の特徴　　アクセルロッド自身の表現をかりれば，TFT戦略は「上品な」戦略である。プログラムとしてはきわめて単純であるが，意思をもったプレイヤーの行動様式としてみれば，相手が協力しているかぎり自分からは裏切らないからである。相手が不意に裏切ってきた場合には，裏切り返すことで怒りを表すが，相手が協力に再びもどったときは，即座に自分も協力できる心の広さももっている。またそのような行動様式は単純で，相手にも理解しやすいという特長もあわせもつ。このような行動原理は，互酬性を維持していくときに，きわめて有効に働くと考えられる。

次に，関係の長さと最終的な利得の関係を，表3.1の利得にしたがって考えてみよう。

問6　①TFT戦略とallD戦略とが対戦した場合のallD戦略の利得と，②TFT戦略同士が対戦した場合の利得を計算してみよ。また，関係（＝対戦）が何回続けばTFT戦略が有利になるか確かめよ。

---

①のallD戦略の利得は，1回目に一方的裏切りに成功し，2回目以降は相互裏切り状態になることから利得は「$T(5)+P(1)+P(1)+\cdots$」となる。②のTFT戦略の利得は一貫した相互協力にもとづくから「$R(3)+R(3)+R(3)+\cdots$」となる。したがって，関係が2回続けば両者の間に差はなく

なり，3回以上続けば相互協力の方が有利となることがわかる。したがって，TFT戦略を採用するプレイヤーであれば，むしろ相互協力という関係を築くことこそが合理的となる。つまり，利得次第ではあるが，関係がそれほど長いものではなくとも，互酬的関係が発生しうるのである。

しかしながら，前述したように，重要なのは将来が見えないからこそ協力が生じるという点である。これは，数学的に考えれば，確率的にしか将来の関係はわからないということを意味している。TFT戦略を採用するにしても，今から関係が始まる場合には，その長さはわからない。そのため合理的なプレイヤーはその分を割引いて，即ち関係が続く確率を想定して利得の「期待値」を考えることになる。

未来係数 つきあい関係がいつまで続くかは確率的にしか決定されない場合，2回目以降同じ相手と次につきあう確率として，未来係数 w（$0 < w < 1$）を想定することができる。2回目につきあう確率は w，3回目につきあう確率は2回目があった上での確率だから w^2，同様に4回目以降は $w^3, w^4, w^5, \cdots$ となる。

問7 未来係数を導入したときの，① TFT 戦略と allD 戦略とが対戦した場合の allD 戦略の利得と，② TFT 戦略同士が対戦した場合の利得を計算してみよ。また，未来係数がいくら以上あれば協力戦略が有利になるか確かめよ。

$$\begin{aligned}
\text{allD の利得} &= 5 + (1 \times w) + (1 \times w^2) + (1 \times w^3) + \cdots \\
&= 5 + \frac{w}{1-w} \quad\quad\quad\quad\quad\quad\quad (3.1)\\
\text{TFT の利得} &= 3 + (3 \times w) + (3 \times w^2) + (3 \times w^3) + \cdots \\
&= \frac{3}{1-w} \quad\quad\quad\quad\quad\quad\quad\quad\quad (3.2)
\end{aligned}$$

となる[1]。協力をつづけることが合理的であるための条件は，TFT の利得が allD の利得を上回る場合，つまり，(3.2)＞(3.1) の場合となるので，

$$\frac{3}{1-w} - \left[5 + \frac{w}{1-w}\right] > 0$$
$$w > \frac{1}{2} \tag{3.3}$$

即ち，2回目以降つきあう確率が50％より大きければ協力した方が有利であることがわかる。

同様にして，TFT 戦略と allD 戦略という繰り返しゲームの戦略間のゲームの利得がどのようになるのか，一般的に表したものが表3.3である。

> **問8** 表3.3に従って，① TET 戦略と allD 戦略とが対戦した場合の allD 戦略の利得と，② TET 戦略同士が対戦した場合の利得を計算し，TET 戦略が有利になる未来係数 w の条件を一般式として計算せよ。

---

[1] 利得の最終的な期待値は，以下のように計算される（cf., 小林・木村 1997, 92頁）。
　π を各回の利得，$U_i(n)$ をプレイヤー i の n 回目までの繰り返しゲームでの利得の総和とすると，総利得 U_i^* は，
$$U_i^* = \pi + \pi w + \pi w^2 + \pi w^3 + \pi w^4 + \cdots$$
$$= \pi(1 + w + w^2 + w^3 + w^4 + \cdots)$$
$$= \lim_{n \to \infty} U_i(n)$$
となる。さらにその括弧の中に注目すると，
$$w(1 + w + w^2 + w^3 + w^4 + \cdots) - (1 + w + w^2 + w^3 + w^4 + \cdots) = -1$$
より，
$$1 + w + w^2 + w^3 + w^4 + \cdots = \frac{1}{1-w}$$
となり，総利得はしたがって
$$U_i^* = \frac{\pi}{1-w}$$
であることがわかる。

3．互酬性の進化

表 3.3　TFT 戦略と allD 戦略が対戦したときの利得表

	プレイヤー Y	
	TFT 戦略	allD 戦略
プレイヤー X　TFT 戦略	$\dfrac{R}{1-w}$, $\dfrac{R}{1-w}$	$S+\dfrac{wP}{1-w}$, $T+\dfrac{wP}{1-w}$
allD 戦略	$T+\dfrac{wP}{1-w}$, $S+\dfrac{wP}{1-w}$	$\dfrac{P}{1-w}$, $\dfrac{P}{1-w}$

　TFT 戦略が有利になるのは，表 3.3 より，以下の式が満たされた場合であるから，

$$\frac{R}{1-w} - \left[T + \frac{wP}{1-w}\right] > 0$$

より，

$$w > \frac{T-R}{T-P} \tag{3.4}$$

となることがわかる。

　このことから，w が大きければ，すなわち関係の期間が長いと予想されれば TFT 戦略に従って協力した方が有利になることがわかる。逆に w が小さくとも協力が有利になるのは，(3.4)式の右辺の分子が小さく，分母が大きいときであるから，①$T-R$（一方的裏切りに成功したときの利得と，相互協力のときの利得との差）が小さい場合，つまり一方的裏切りへの正の誘因が小さい場合，②$T-P$（一方的裏切りに成功したときの利得と，相互裏切のときの利得との差）が大きい場合，つまり一方的裏切りへの負の誘因が大きい場合である。

進化論的ゲーム　　以上のように，第三者の介入や，道徳心，利他心といった条件をつけずとも，それ自体利己的な TFT 戦略から互酬的関係が可能になること，またそのための条件をみてきたが，敏感な読者は 1 回きりの囚人のジ

レンマゲーム（原ゲーム）と繰り返しゲームとでは，解を求める考え方が異なっていることに気づいたかもしれない。前者の場合は，戦略を決定するプレイヤーが合理的に選択をおこなった場合に，どのような帰結がもたらされるかという発想（これを合理的選択アプローチという）によっている。これに対し，後者はむしろ TFT 戦略が有効であることを結果論的に示しているからである。つまり，どのような繰り返しゲームの戦略が有効かということは，結果からみて判断されているのであって，1 回きりのゲームのように，合理的な判断をすれば誰でもが到達できるものではない。もし，最初からそのことがわかっていれば，アクセルロッドがおこなったようなシミュレーションは必要ないはずである。後者はむしろ，どのような戦略が生き残りに適しているか，という観点をもっている。

この考え方は，アクセルロッドのシミュレーションにおいて応募された戦略をある生物種として，ゲームの結果，すなわち利得を当該生物種の子孫の数と考えると，わかりやすいかもしれない。利得が多い，つまり子孫が多い生物種としての戦略は生き残っていくし，そうではない生物種は子孫を残せず滅んでいくのである。実は，このようなアプローチは進化論的アプローチとよばれるものである。

進化，というと「一生懸命高い木の葉を食べようとして，その結果キリンの首は長くなった」というように理解している読者もいるかもしれないが，「突然変異でたまたま首が長くなったところ，高い木の葉を無競争で食べられるため＜前キリン＞よりも種としての生き残りに適していた」という理解の方が正しい。生息環境に適している生物種が生き残るという「適者生存」というメカニズムがある。そして，突然変異でより環境に適した種が現れると，古い種は淘汰されていく，というプロセスを繰り返して進化はおこなわれるのである。

社会現象における安定した状態もそれとよく似ており，複数ある安定した状態，すなわち複数のナッシュ均衡の中で，どれがより安定したものとして生き残っていくか，考える際の有効な視点だと考えられている（Maynard Smith, 1982）。

進化論的に安定な戦略（ESS）　　このように，合理的選択アプローチと進化

3．互酬性の進化　　63

論的アプローチは，推論のベクトル（方向性）が異なっているが，1回きりのゲームにおけるナッシュ均衡と進化論的繰り返しゲームにおける進化的に安定な戦略(ESS)という接点によって結びつく可能性が指摘されている（織田 1998, 144 頁）。

【定義 3　進化的に安定な戦略(ESS)】　もし集団の全員がその戦略を採用していれば，突然変異によって進入してくる他のどんな戦略をも排除できるような戦略のことを進化的に安定な戦略という。

この ESS こそ，進化論的アプローチの鍵になる概念である。

繰り返しゲームの戦略が ESS になりうるかどうか，複数の均衡があるか否かということを確かめることでみてみよう。実は，表 3.3 を 1 回きりのゲームとみなせば，どのセルがナッシュ均衡になっているかわかる。まず繰り返しゲームの戦略の組 (all$D$, all$D$) をみると，その状態から自分だけ TFT に戦略を変更することは，

$$\left[S + \frac{wP}{1-w}\right] - \frac{P}{1-w} = S - P < 0 \tag{3.5}$$

となり，利得が減少するから，そのような誘因は存在しないことがわかる。つまり，(all$D$, all$D$) はナッシュ均衡である。また (TFT, TFT) も，(3.4)式の条件下でナッシュ均衡となっている。したがって，ナッシュ均衡は 2 つ存在することになり，どちらが実現するかはわからないことになる。現に，冒頭でみたような，価格競争の事例は (all$D$, all$D$) が実現し，誰もそこから抜け出せない状態だと解釈することができる。

互酬性が生き残る条件　　そこで，今度は各繰り返しゲームの戦略を，そのような戦略をもった生物種の集まりだと考えて，お互いにゲームをしたときの利得に応じて子孫の数が決定されるモデルを考えてみよう。これこそ正に進化論的発想である。表 3.3 において，TFT 戦略種と all$D$ 戦略種が存在し，それぞれの個体数が m ずつで等しいとすると，自分自身とのゲームを含めた，2

つの種に属する個体の利得は，

$$\text{TFT 戦略種の利得} = \frac{R}{1-w} + \left[S + \frac{wP}{1-w} \right]$$

$$\text{all}D \text{ 戦略種の利得} = \left[T + \frac{wP}{1-w} \right] + \frac{P}{1-w}$$

をそれぞれ m 倍したものとなる。TFT 戦略種が勢力を伸ばす，すなわち最終的に生き残る条件は，利得が allD 戦略種を上回ればよいので，

$$w > 1 - \frac{R-P}{T-S} \tag{3.6}$$

となる。

このことから，(3.4)式と同様，w が大きければ，すなわち関係の期間が長いと予想されれば TFT 戦略種の方が勢力を増やし，ESS に到達できることがわかる。逆に w が小さくとも TFT 戦略種が有利になるのは，(3.6)式の分数部分が大きいときであるから，① $R-P$（相互協力に成功したときの利得と，相互裏切りのときの利得との差）が大きいほど，つまり協力への正の誘因が大きい場合，② $T-S$（一方的裏切りに成功したときの利得と，一方的に裏切られたのときの利得との差）が小さいほど，つまり一方的裏切りへの正の誘因も小さい場合，であることわかる。これらの条件が満たされない場合，今度は allD 戦略が ESS に到達する。

これらの場合は，最初から勢力が 50％ずつであることを仮定しているが，逆に w を固定しておいて，最初の勢力比によって，どちらが生き残るか考察することもできる。

以上のように，基本的な利害が対立する場合でも，さまざまな条件次第で自生的な互酬的関係は可能になる。本章では TFT 戦略に絞って話を進めてきたが，他の繰り返しゲームの戦略の可能性や，またまったくタイプの違う利害対立状況から，協力関係が生まれるメカニズムを考えてみる価値はあるだろう。

文献案内

R. アクセルロッド　1984　『つきあい方の科学－バクテリアから国際関係まで－』
　HBJ出版局（1987）
　　囚人のジレンマゲームをもとに，利害対立がある場合からどのように協力関係が生まれるか分析した，きわめて有名な著作。さまざまな角度から自生的に協力関係が生まれるメカニズムにアプローチしている。

J. メイナード＝スミス　1982　『進化とゲーム理論』　産業図書（1985）
　　もともと経済学で発達したゲーム理論を応用して，生物学における進化に適用した著作。進化論的に安定な戦略（ESS）が提唱され，社会現象を含めたさまざまな場面で有効な分析概念になることが示されている。

4章
集合行動の閾値モデル

松田　光司

　本章は，集合行動現象を理解することを目的とする。具体的には，「同じ商品でも地域によって売行きが違う」「新しい技術が普及するとき，ある国では急激に普及したが，他の国では普及するのに何年もかかった」等のように同じものが集団によって採用率が違ったり普及速度が違ったりするのはなぜかという問いにアプローチするためのものである。その問いに答えるとすれば「ある集団ではよく宣伝されていたが，別の集団ではあまり宣伝されていなかったため」「ある集団は革新的であるが，別の集団は保守的であるため」等が考えられる。これらの答えは，集団がおかれている環境と集団の特徴というマクロな視点から説明している。これとは逆に，本章では，個性をもった各構成員の一つ一つの行動が集積されて集合行動が引き起こされるというミクロの視点からアプローチしている。また，集団の特徴や環境がほとんど同じでも個性をもった構成員の組合せによってまったく違った集合行動が起こりえるということも示したい。

　本書では，社会現象を説明するためにその現象を数理モデルで表している。社会現象にかぎらず，数理モデルにおいては，その現象を構成する最小単位を均質なものとしてモデル化するのがほとんどである。物質のように最小単位が均質であるなら納得できるが，社会現象のように最小単位が個性をもつ人間まで均質であるとするのには抵抗を感じる。しかし，数理モデルは，現象を厳密に記述するだけでなく，現象に大きな影響を与えない要素を取り除くことにより単純に記述することも要求される。したがって，人間を均質な存在と仮定し

てもその現象に大きな影響を与えない場合は，その仮定にもとづく単純な数理モデルを記述すればよい．しかし，大きな影響を与える場合は，数理モデルに各個人の個性を組み込まなければならない．本章では，後者の個性を組み込まなければならない現象について考察する．モデルとしては，個性を組み込んだ代表的例として「閾値モデル」について言及する．

1. モデルの準備

「閾値モデル」とは，M. グラノヴェター（Granovetter 1978, pp.1420-1443）により提唱された構成員が行動を決定する際に，他の構成員の行動によって行動するかどうかの判断を，個人差も含めてモデル化したものである．一般的に，「閾値」という言葉は，ある系に反応を引き起こさせる時必要な作用の大きさ・強度の最小値として使われる．この閾値モデルの場合は，ある構成員が採用するときに必要な集団全体の採用率の最小値が閾値である．このモデルは，暴動・革命・流行・ストライキ・技術革新の普及等のように採用するコストと利得が他の構成員の採用状況に依存しているメカニズムをなす現象に適用できる．たとえば，同一メーカーの製品を多数の消費者が採用することで，その製品に対応したソフトウェア環境が充実したり，アフターサービスの質やその利用可能性が高まることでその利得が増加する場合が考えられる．

ここで，下記のような社会を仮定し，思考実験をおこないたい．

【仮定1】
(1) 構成員の選択肢は，採用あるいは不採用の2つである．
(2) 各構成員は，集合行動を採用するかどうかの「閾値」をもち，集団の採用率がこの閾値以上になった時に採用をし，それ未満では採用をしない．
(3) 構成員の閾値は，時間的に一定である．

むろん，上記の仮定を完全に満たす社会は存在しない．この仮定は，現象に大きな影響を与えるメカニズムを予想し，そのメカニズム以外をすべて取り除

くようにした。そうすることで，そのメカニズムが現象にどのような影響を与えるかを詳しく知ることができるからである[(1)]。

2. 数値例による説明

具体的な数値例で説明しよう。10人からなる4つの集団A, B, C, Dがあるとし，各構成員の閾値が表4.1のような度数分布をなしているとする[(2)]。表の

表4.1 閾値の分布

閾値	0	1	2	3	4	5	6	7	8	9
集団A	1	1	1	1	1	1	1	1	1	1
集団B	1	0	2	1	1	1	1	1	1	1
集団C	0	0	2	2	1	1	1	1	1	1
集団D	5	0	0	0	0	0	0	0	0	5

説明をすると，第一の行は，人数による閾値であり，各集団の行はその閾値をもつ人の数である。ここで，閾値が10人の欄を表に加えていない理由を説明したい。仮に10人の閾値をもつ人がいたとしよう。この集団において10人の人が採用している状態とは，自分も含めてすべての人が採用している状態である。つまり，閾値10をもつ人は，自分が採用している時にはじめて採用するという矛盾した行為をする人になる。したがって，表から削除した。

採用人数の軌道における比較　　各集団において誰も採用していない状態から，どのような状態に変化していくかを調べたい。誰も採用していない状態とは，当然採用人数が0人の状態である。仮定1を満たす集団では以下のように採用人数を求めることが可能である。

集団Aは，閾値が0の人が1人いるので次の時刻での採用人数は1人になる。そのまた次の時刻では，閾値が1以下の人が2人いるので1人増えて2人になる。さらに，次々と連鎖的に増加して全員採用することになる。そして，

[(1)] この節の説明は，長谷川（1993, 164-171頁），岩本（1993, 152-163頁），石井（1987, 15-28頁）等の文献を参考にした。
[(2)] この分布表は，岩本（1993, 152-163頁）の例の一部を引用した。

その10人の状態が続く。このようにこれ以上変化しなくなった時，あるいは最初から変化しない時の値を「均衡値」という。採用人数の変化をまとめて書くと，0, 1, 2, 3, 4, 5, 6, 7, 8, 9, 10, 10, ……になる。このような採用人数の変化を表す数列を「軌道」という。

集団Bは，同じように閾値が0の人が1人いるので次の時刻で採用人数が1人になる。しかし，閾値が1の人が1人もいないので，次の時刻から増加しないで1人のままになる。採用人数の軌道は，0, 1, 1, ……をとる。ここで，集団Aの分布と集団Bの分布の比較をおこないたい。これらの分布は，閾値が1と2のところが違うだけである。さらに，集団Aの閾値が1の人の閾値が2になったとも考えられる。このように，閾値モデルは，たった1人の構成員の閾値が少し変化しただけで採用人数の軌道がおおいに変化する性質がある。

集団Cは，閾値が0の人が1人もいないので最初から最後まで0人のままである。採用人数の軌道は，0, 0, ……をとる。

集団Dは，閾値が0の人が5人もいるが閾値が5人以下の人も5人しかいないので5人のままで変化しない。採用人数の軌道は，0, 5, 5, ……をとる。

初期採用人数による軌道の比較　　ここで，初期採用人数を0人だけでなくすべての値としたとき，それぞれがどのような軌道をとるかを調べたい。計算しやすいように，各集団における閾値の累積閾値分布を表4.2に示した。累積閾値分布とは，閾値を変数とし，それ以下の閾値をもつ人の合計数を分布値としたものである。

表4.2　累積閾値分布

閾値	0	1	2	3	4	5	6	7	8	9
集団A	1	2	3	4	5	6	7	8	9	10
集団B	1	1	3	4	5	6	7	8	9	10
集団C	0	0	2	4	5	6	7	8	9	10
集団D	5	5	5	5	5	5	5	5	5	10

問1　表4.2より集団A, B, C, Dの各初期値における軌道を求めよ。

集団 A は，0〜10人のすべての初期値において最終的に10人になり，その状態が続く。

　集団 B は，初期値が 0〜1人の時，次の時刻で1人になり，その状態が続く。また，初期値が 2〜10人の時は，最終的に10人になり，その状態が続く。

　集団 C は，初期値が 0〜1人の時，次の時刻で0人になり，その状態が続く。ここで，注目していただきたいのは，初期値が1人で出発し，次の時刻で減少し0人になっていることである。これは，閾値モデルのメカニズムで採用していない人が，採用したが，閾値モデルのメカニズムにのっとると閾値が1人以下の人は1人もいないので0人になったことを示している。また，初期値が 2〜10人の時は，最終的に10人になり，その状態が続く。これは，なんらかの方法で2人の採用者を出せば，全員が採用するようになることを示している。

　集団 D は，初期値が 0〜8人の時，次の時刻で5人になり，その状態が続く。また，初期値が 9〜10人の時は，次の時刻で10人になり，その状態が続く。集団 C の場合とちがって9人も採用者を出さなければ全員採用にならない。また，すべての初期値において2時刻目ですべて均衡値になっている。

閾値を均質とした場合の考察　　ここで，冒頭で説明した均質なモデルを考えたい。集団の構成員がすべて均質であるとするならば，各構成員の閾値はすべて同じ値ということになる。各集団の閾値の平均をとって同じ値にしたい。集団 A，B，C，D の閾値の平均は，それぞれ 4.5，4.6，4.8，4.5 となり，かなり近い値をとっている[3]。ここで，集団 A に着目して議論したい。集団 A のすべての人は 4.5 の閾値をもつが，このモデルの場合，閾値が人数である。また，採用人数も 1, 2, . . . 10 の整数値しかとらない。したがって，小数点以下の数字はありえない。しかし，この閾値 4.5 は，4人以下の時は採用しないで 5人以下の時は採用するという解釈もできる。したがって，小数点以下はすべて繰り上げて閾値は 5 と同じことになる。これは，他の集団にも同じことがいえて，すべての集団の閾値は 5 ということになる。閾値がすべて 5 の集団の各

---

(3) 中央値はすべて 4.5 である。

初期採用人数における採用人数の軌道は以下のようになる。各初期採用人数が0〜4人の場合は次の時刻で0人になり、その状態を続ける。また、5〜10人の場合は、次の時刻で10人になり、その状態を続ける。このように閾値モデルで構成員を均質なものとして考えた場合は、この例においては同じ初期採用人数ならすべて同じ軌道をとった。均質でないものとして考えた場合は、初期値によって同じ軌道をとる場合もあるが、上記のとおり多様な軌道をとる。

3. 連続閾値分布例による説明

　前節では構成員を10人として言及したが、本節では構成員の数がある程度多ければ何人でも成り立つようにしたい。そのため、閾値の単位を採用人数から採用率にした。

　この場合採用率とは，

$$（採用率）＝\frac{（採用人数）}{（構成員の数）} \tag{4.1}$$

である。したがって、閾値ならびに採用率の範囲は、閉区間 $[0,1]$ になる[4]。閾値を確率変数として、各集団の確率分布を設定したい。この場合の確率とは、全員がどれだけの確率で採用するかを表している。たとえば、確率が0.7で構成員が55人の時は、55×0.7で38.5人採用していることになる。ところで，

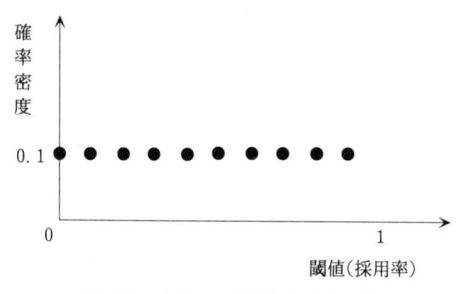

図4.1　集団Aの離散的な確率分布

---

[4] 2節の議論によると、1の閾値は存在しないことになる。したがって、閾値の範囲は、厳密には半区間 $[0,1)$ である。

表 4.1 は確率分布ではなく度数分布である。これを確率分布として表すと集団 A は図 4.1 のような確率分布をなす。これは，構成員が 10 人であるということで採用率のとりうる値が離散的になっている。したがって，0.1 間隔でしか閾値の分布は存在しない。構成員が増えていくとその間隔は短くなっていく。そして，構成員を無限に近づけていくことで連続分布を仮定することができる。

閾値確率分布が一様である集団 E 　　ここで，図 4.2 のように閾値確率分布が一様な集団 E について議論したい。閾値の確率分布が一様であるということ

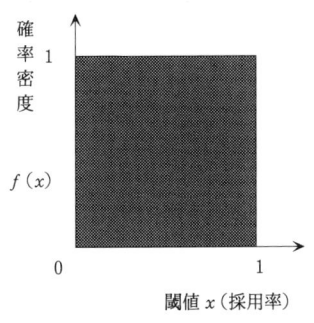

図 4.2　集団 E の一様な閾値確率分布

は，どんな閾値でも同じだけその閾値をもつ人がいることを意味する。ここで，図 4.2 のグラフの見方を説明しよう。図 4.1 では各閾値のところの確率密度[5]をみればその閾値をもつ人の率すなわち閾値保持率がわかる。しかし，図 4.2 のグラフではすべて 1 になっている。これではその閾値をもつ人が，全員であるということになってしまう。連続変数を確率変数とする場合は，確率変数と確率密度による面積でその閾値保持率を求めることになる。そのため，図 4.1 とちがって図 4.2 の下の部分を塗りつぶしているのである。ここで，図 4.2 における閾値保持率を面積計算してみよう。たとえば，閾値 0.5 の人だけの保持率は存在するが全体と比較するときわめて少ないので，極限をとると 0 となる。また，0.5 以上 0.6 以下の閾値保持率は，$1 \times (0.6 - 0.5)$ で 0.1 になる。この

---

[5] 確率分布と同じ意味で使われる場合もあるが，本書では，確率密度を各確率変数に対する値とし，確率分布を確率密度関数として使った。

分布を，閾値（確率変数）を x，閾値分布関数を $f(x)$ として数式で表すと，

$$f(x) = 1 \qquad (0 \leq x \leq 1) \tag{4.2}$$

になる。ここで，表4.2のように累積閾値分布を求めたい。この場合の累積閾値分布をなす値とは，閾値 x 以下の閾値保持率である。したがって，ある閾値 y の累積閾値保持率は，図4.2のグラフの領域 $\{(x, f(x)) \mid 0 \leq x \leq y, 0 \leq f(x) \leq f(y)\}$ の面積を求めればよい。そうすると，その面積は，$y \times f(y)$ で計算できる。その計算にしたがうと，集団Eの累積閾値分布関数を $F(y)$ として数式で表すと，

$$F(y) = y \qquad (0 \leq y \leq 1) \tag{4.3}$$

になる[6]。それを図示すると，累積閾値分布は，図4.3のようになる。数値例

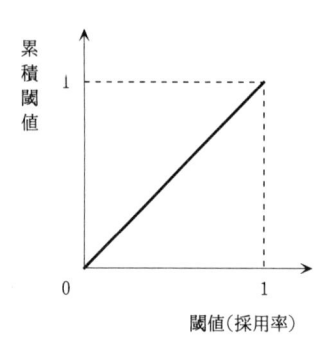

図4.3 集団Eの累積閾値分布関数

の時のように，この集団における採用率の軌道を求めたい。累積閾値分布関数を求めているのなら数値例の時のように対応する累積閾値分布を確認しなくて

---

[6] 累積閾値分布関数 $F(y)$ を求めるのに，面積の概念を導入したが，積分の概念を導入したほうが閾値分布 $f(x)$ が連続関数であるなら求めやすい。積分を使うと，

$$F(y) = \int_0^y f(x) dx \tag{4.4}$$

で表せる。

も(4.3)式より求めることができる。ある時刻 t の採用率が P_t だとすると，次の時刻 $t+1$ の採用率は，P_t 以下の閾値をもつ人の割合である。すなわち，累積閾値分布 $F(P_t)$ が次の時刻の採用率になる。時刻 $t+1$ の採用率 P_{t+1} を数式で表すと，

$$P_{t+1}=F(P_t) \qquad (0 \leq P_t \leq 1) \qquad (4.5)$$

のような差分方程式で表せる[7]。この差分方程式は，ある時刻の採用率がわかれば次の時刻の採用率を求めることができる。また，新たに求めた採用率を(4.5)式の右辺の P_t に代入して次の時刻の採用率を計算することができる。このように次々と採用率を計算していくことができるので，初期採用率さえ与えれば，後の時刻の採用率を計算し続けることができる。

集団 E の場合の差分方程式は，(4.3)式より，

$$P_{t+1}=P_t \qquad (0 \leq P_t \leq 1) \qquad (4.6)$$

となる。ここで，各初期採用率における採用率の軌道を分析したい。まず，差分方程式の均衡値を求めたい。均衡値を P とすると(4.6)式より，$P=P$ を満たす点が均衡点となる。したがって，(4.6)式の均衡点は，閉区間 $[0,1]$ すべてである。これは，どのような初期値でもいつまでたっても初期採用率のままであることを意味する。いいかえると，この集団において採用率は，初期採用率から増加することも減少することもない。

閾値の区間が限定されている集団 F　　次に図 4.4 のような閾値分布をもつ集団 F について議論する。集団 E と同じく一様分布であるが，この集団の構成員は，閉区間 $[0,a]$ の閾値しかもたない。集団 F の確率密度の高さが $1/a$ となっている。これは，閾値保持率の総和が 1 であるから一様分布なら必然的に $1/a$ になる。

---

[7] 高校数学では，「漸化式」という。

> **問 2** 集団 F の各初期値における採用率の軌道を求めよ。

この閾値分布関数は,

$$f(x) = \begin{cases} \dfrac{1}{a} & (0 \leq x \leq a) \\ 0 & (a < x \leq 1) \end{cases} \quad (4.7)$$

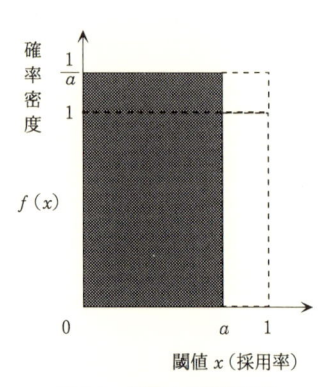

図 4.4 集団 F の閾値分布

となる。集団 E と同じように累積閾値分布関数を求めると,

$$F(y) = \begin{cases} \dfrac{y}{a} & (0 \leq y \leq a) \\ 1 & (a < y \leq 1) \end{cases} \quad (4.8)$$

となる。また, 同じように採用率計算のための差分方程式を求めると,

$$P_{t+1} = \begin{cases} \dfrac{P_t}{a} & (0 \leq P_t \leq a) \\ 1 & (a < P_t \leq 1) \end{cases} \quad (4.9)$$

になる。ここで、この差分方程式の均衡値を求めたい。均衡値を P とすると (4.9)式より、

$$P = \begin{cases} \dfrac{P}{a} & (0 \leq P \leq a) \\ 1 & (a < P \leq 1) \end{cases} \qquad (4.10)$$

となる。この式を満たす P は 0, 1 である。ここで、図 4.5 をみていただきたい。これは、横軸を P_t、縦軸を P_{t+1} とし採用率の軌道をみるためのものである。初期採用率 P_0 から次の採用率 P_1 を求めたい。この場合図 4.5 のように P_0 から上に矢印をのばす。そうすると、累積閾値分布関数である太い線にあたる。これが次の採用率 P_1 になる。この値より次の時刻の採用率 P_2 を求めたい。先程求めた P_1 を (4.9)式の右辺の P_t として計算すればよい。図 4.5 でいうと P_0 からのびた矢を対角線にむけて横にのばせばよい。そして、また、上に線をのばして P_2 を求めることができる。この操作を繰り返すと、図において採用率の軌道が予測できる。図 4.5 より集団 F の採用率は、初期採用率が半区間 (0,1] なら最終的には 1 になり、その状態を続けることがわかる。また、初期採用率が 0 なら 0 のままである。

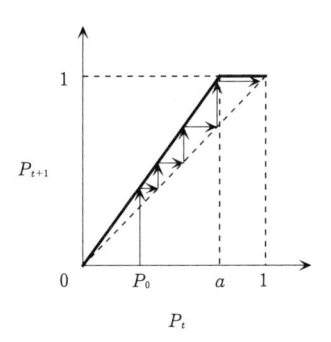

図 4.5　集団 F の採用率の軌道

ここで、区間を決定する変数 a について着目する。a の値を大きくすると 1 に近づき集団 E の分布に近づくが、1 にならないかぎり集団 E と同じ軌道を

とらない。逆にいうと集団 E の分布の区間が少しでも集団 F に近づくと軌道が変わる。これは，非常に似た分布でも一部存在しないだけでまったく違った軌道をとることを意味する。

閾値の区間が限定されている集団 G　　次に，図 4.6 のような閾値分布をもつ集団 G について議論する。集団 E と同じく一様分布であるが，この集団の構成員は，閉区間 $[b, 0]$ の閾値しかもたない。集団 F とは逆に 0 付近の閾値をもつ人がいない集団について考察する。

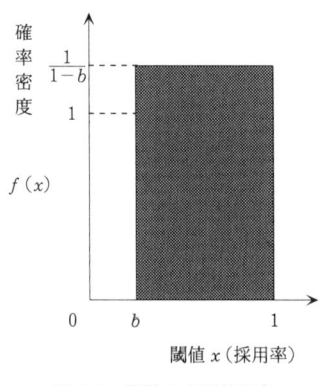

図 4.6　集団 G の閾値分布

問 3　集団 G の各初期値における採用率の軌道を求めよ。

これを集団 F の時と同じ手順で計算すると採用率を計算する差分方程式は，

$$P_{t+1} = \begin{cases} 0 & (0 \leq P_t \leq b) \\ \dfrac{P_t}{1-b} - \dfrac{b}{1-b} & (b < P_t \leq 1) \end{cases} \quad (4.11)$$

となる。ここで，この差分方程式の均衡値を求めたい。均衡値を P とすると (4.11) 式より，

$$P = \begin{cases} 0 & (0 \leq P \leq b) \\ \dfrac{P}{1-b} - \dfrac{b}{1-b} & (b < P \leq 1) \end{cases} \quad (4.12)$$

となる．この式を満たす P は $0, 1$ である．さらに，採用率の軌道を図 4.5 と同じように (P_t, P_{t+1}) で図示すると図 4.7 のようになる．集団 G の場合は，

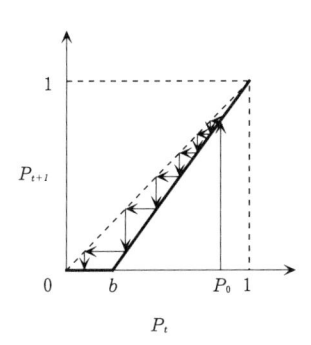

図 4.7 集団 G の採用率の軌道

逆に累積閾値分布が対角線より下にあるので採用率は減少していく．よって集団 G の採用率は，初期採用率が半区間 $[0,1)$ なら最終的には 0 になり，その状態を続けることがわかる．また，初期採用率が 1 なら 1 のままである．集団 F が 0 以外の初期値だとすべて 1 に収束するのとは逆に集団 G は，1 以外の初期値の場合すべて 0 に収束する．

閾値の区間が限定されている集団 H　　次に，図 4.8 のような閾値分布をもつ集団 H について議論する．集団 E と同じく一様分布であるが，この集団の構成員は，閉区間 $[b,a]$ の閾値しかもたない．1 付近と 0 付近の閾値をもつ人がいない集団について考察する．

問 4　集団 H の各初期値における採用率の軌道を求めよ．

3．連続閾値分布例による説明　　79

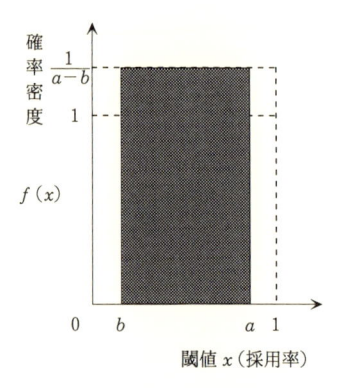

図 4.8 集団 H の閾値分布

これを集団 F の時と同じ手順で計算すると採用率を計算する差分方程式は,

$$p_{t+1} = \begin{cases} 0 & (0 \leq P_t \leq b) \\ \dfrac{P_t}{a-b} - \dfrac{b}{a-b} & (b < P_t \leq a) \\ 1 & (a < P_t \leq 1) \end{cases} \quad (4.13)$$

となる.ここで,この差分方程式の均衡値を求めたい.均衡値を P とすると (4.13)式より,

$$P = \begin{cases} 0 & (0 \leq P \leq b) \\ \dfrac{P}{a-b} - \dfrac{b}{a-b} & (b < P \leq a) \\ 1 & (a < P \leq 1) \end{cases} \quad (4.14)$$

となる.この式を満たす P は $0, -b/(a-b-1), 1$ である.さらに採用率の軌道を図 4.5 と同じように (P_t, P_{t+1}) で図示すると図 4.9 のようになる.均衡値は図 4.9 の対角線と累積閾値分布関数が交わる点であるから中央で交わっている点が $-b/(a-b-1)$ である.この集団は,図 4.9 から判断すると初期採用率が均値値 $-b/(a-b-1)$ より小さければ,採用率は必ず 0 になり,安定

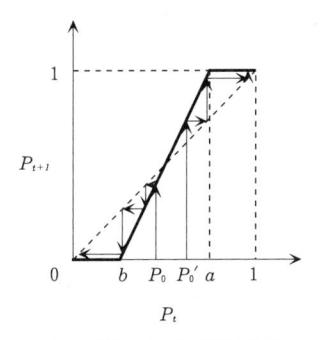

図4.9　集団Hの採用率の軌道

する。また，初期採用率が均衡値$-b/(a-b-1)$より大きければ，採用率は必ず1になり，安定する。この結果は，第2節の「閾値を均質とした場合の考察」での結果に似ている。均質とした場合は，次の時刻に一挙に採用率が0か1になるのに対して，この集団では，だんだん近づきながら均衡値になる軌道をとる場合がある点がちがう。

4. まとめ

　以上の閾値モデルによる分析結果は，集団の閾値分布を求められるのならば，初期採用率から未来の採用率が予測できるかのようだ。また，本章の冒頭であげた「同じ商品でも地域によって売行きが違う」「新しい技術が普及する時，ある国では急激に普及したが，他の国では普及するのに何年もかかった」という事例は，各集団の閾値分布のちがいによって起こっているのであると説明できるかのようだ。「かのようだ」を連呼しているが，これは仮定1を満たす集団における思考実験上で可能なことである。仮に仮定1を満たす集団が存在したとしても，閾値分布の測定の問題がある。第2・3節で似たような閾値分布でも少しちがっただけで採用率の軌道が大きく異なるという結果がでている。これは，閾値分布を正確に測定しないと分布によっては，近い軌道でさえも求めることができないことを示している。また，仮に閾値分布が正確に測定できたとしても，仮定1の（3）を満たさないのなら第2節で記述したように，閾値分布がかわり，軌道が大きく変化する場合がある。このように，現実の集団

に適用するには多くの問題をもっている。本書のイントロダクションにおいて言及されているが，このモデルにかぎらず，社会現象は自然現象とちがって普遍法則が存在しえないかあるいは導き出せないと考えた方がよい。ゆえに，このモデルをそのまま現実の集団に適応するのは無理がある。

　本章のねらいは現象理解である。そういう意味では予測できなくても問題はない。ある程度の予測ができたからといって現象を理解したことにならない場合もあるからだ。本章では，普遍法則が存在しないため，仮説をたててそれをモデル化しその結果を検証した。つまり，仮定1というメカニズムがはたらく架空の単純化された世界を構築し，その世界の動き方を演繹的＝数学的な推論（差分方程式による軌道計算）によって示したのである。その結果，「集団の特徴や環境がほとんど同じでも個性をもった構成員の組合せによってまったくちがった集合行動が起こりえる」ということが説明できた。仮定1の上でしか成り立たないが，現象理解に一歩近づいたわけである。「ここから仮定1以外の仮定では事例の説明はできないか」「仮定1を部分的に変更するとどうなるか」等を調べていくことでより現象理解に近づいていくのである。

文献案内
山口昌哉　1996　『カオス全書1 カオス入門』　朝倉書店
　題名のとおりカオスの入門書であるが，第4章の「数理社会学への応用」で閾値モデルを扱っている。流行現象のみに限定し，カオス理論への応用を試みている。

山岸俊男　1990　『セレクション社会心理学15 社会的ジレンマ―「自分1人ぐらいの心理」が招くもの―』　サイエンス社
　第3章の「限界質量の理論」のところで社会的ジレンマを使って閾値モデルの内容を述べている。また第7章においても閾値分布が変化する場合について議論している。

第Ⅱ部 メカニズムを抽出する

5章
社会ネットワークの構造分析

松田　光司

　本章では，集合行動分析・社会構造分析の一手段である社会ネットワーク分析をとりあげる。その目的は，社会集団の構造を理解しその集団の性質を説明するためである。特に社会ネットワーク分析では，その集団の要素間の関係をもとにして分析していくものである。たとえば，あなたが所属しているサークルがうまく機能していないとしよう。サークルがうまくいかない原因として，①幹事のリーダ性の欠如，②トラブルメーカの存在，③伝達事項が全員にいきわたらないこと，④2つの派閥に分かれていること，⑤役割分担がうまくできていないこと，⑥他のサークルと掛もちしている者が多いこと等が考えられる。これらの原因を分類してみよう。原因①②は，構成員の個人属性による説明，③④は，構成員同士の関係による説明，⑤⑥は，ある属性をもつ構成員の多さによる説明である。社会ネットワーク分析は，先の説明からすると特に，③④に関係する。そもそも，社会ネットワークとは，社会を構成する各要素間の関係である。社会とは，国・地域・地区・会社・政党・大学・サークル等の集団である。また，要素は，その含まれる対象（社会）によって異なる。たとえば，会社なら要素は，部署・役職・社員等がある。さらに，関係も対象（社会）と要素の組合せによって異なる。たとえば，会社と個人の組み合せの場合は，友人関係・上下関係・敵味方中立関係等がある。この要素と要素の関係の集合をさまざまな方法で分析することが社会ネットワーク分析である。

　イメージしやすいように本章では，ある大学の構成員が9人の将棋サークルという身近な具体例を扱う。この場合，「社会」を「サークル」，「要素」を

「個人」,「関係」を「会話」「相談」として分析する．

1. 中　心　性

　本節の目的は，構成員が属する集団においてどれだけ中心的であるかを求めることである．ここで，中心的構成員を以下のように定義する．

> 【定義1　中心的構成員】　集団において中心的構成員とは，その集団がその目的達成をめざして活動する過程で，他者よりも大きな影響を集団に与える構成員のことである[1]．

　そして，この定義を用いて集団内の中心的構成員を特定するだけではなく，各構成員が集団内で相対的にどれだけ中心的であるかを求めたい．そのため，中心性指標を定義する．本節で定義する中心性指標は，どのような集団にも適用できる普遍的なものではなく，いろいろな視点からその状況に適した中心性指標を定義する．その複数個の中心性指標による各評価を比較することにより多元的分析をするのが目的である．

属性にもとづく中心性　　本章は，社会ネットワーク分析の章であるが，比較のために構成員の属性にもとづく分析をおこなう．本節の冒頭で例示した個人属性による説明がこれにあたる．また，中心性指標を導入することで，各構成員の相対的な位置づけが可能となりその集団の構造分析をすることができる．サークル員個人の属性として，性別・年齢・学年（回生）・出身・居住地・サークルにおける役職等その他多数の属性が考えられる．本章では，サークルの運

表 5.1　サークル員個人の属性

名前	田中	鈴木	佐藤	中村	小林	高橋	山田	井上	木村
役職	幹事	副幹事	会計	—	—	—	—	—	—
学年	4	4	4	3	3	3	2	1	1

---

[1] 中心という言葉を使っているが，場所の中心ではない．

営並びに中心性に関係のありそうな役職と学年を特にとりあげた。なお，属性を2つだけにしたのは，説明を簡単にするためである。各サークル員の属性は表5.1のとおりである。ここで，表5.1の2つの属性からその中心性を導きだす「役職・学年属性にもとづく中心性」を以下のように定義する。

【定義2　役職・学年属性にもとづく中心性】
(1) 役職についている者は中心的である。さらに，高い役職についている者は低い役職についている者より中心的である。役職を高い順に並べると，幹事・副幹事・会計になる。
(2) 学年の高い者は学年の低い者より中心的である。

ここでは，中心性決定において(1)(2)の順で優先する。

問1 この定義は筆者の考えるサークルにおける中心性属性の優先順位を設定したにすぎない。読者なりの属性にもとづく中心性を定義しサークル構成員の中心性を導き出してみよう。

筆者が定義した「役職・学年属性にもとづく中心性」により各サークル員を評価し，その評価により順序づけをすると，表5.2のようになる。ただし，「──」は，その前に同順のものが複数人いたため，その順位が空位になったことを示す。また，縦に並んでいるところの高低に意味はない。

これで，「役職・学年属性にもとづく中心性」により構成員の順序づけができたわけである。2つの属性を考慮にいれて評価したので1つの属性より詳しい順序づけができた。だが，実際は，この順序づけどおりに各構成員が中心的なのだろうか。この疑問を解くために別の角度から検証してみる。

表5.2　役職・学年属性にもとづく中心性評価における順位

順位	1	2	3	4	5	6	7	8	9
名前	田中	鈴木	佐藤	中村 小林 高橋	──	──	山田	井上	木村

会話によるネットワーク　　ここで，やっと本章冒頭で説明した社会ネットワーク分析の登場である。この場合,「社会」を「サークル」,「要素」を「個人（サークル員）」,「関係」を「会話」とする。「関係」を「会話」に選んだのは，観測によって関係のあるなしを決定できるからである。ちなみに，友人関係・上下関係・敵味方関係等は観測結果より観察者の主観によって判断するか，対象の主観による関係をインタビューしなければならないのである。また，会話といってもその頻度や内容等によって関係の種類がちがってくる。さらに，同じ頻度でも1つの内容しか話さない構成員と複数の内容を話す構成員ではその関係の濃さはちがう。これらは，ネットワークの関係における強度の話であるが，今回はモデルの単純化のために会話がされているかいないかのみに着目する。

ここで，前述のサークルにおいてサークル員間で挨拶と公式なミーティング以外で会話がおこなわれているかいないかの調査をおこなった。その調査結果は図5.1のとおりである。図の説明をすると，四角い箱の中に入っている名前

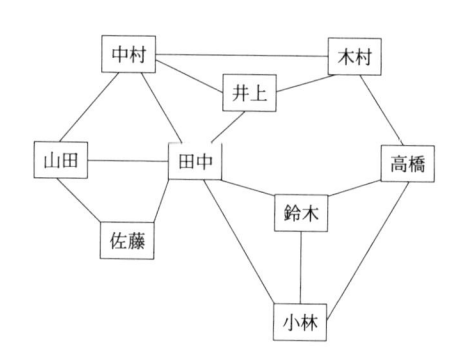

図5.1　会話によるグラフ G_1

は，サークル員の名前である。サークル員同士が線でつながっている場合は，そのサークル員同士で会話が交わされたことを示す。なお，四角い箱の位置は，線が重ならないように筆者が適当に配置しただけである。したがって，その位置には，意味はない。このように，関係の集合を図示することで，その関係構造を把握しやすくしている。

なお，社会ネットワーク分析は数学のグラフ理論の概念を多くとり入れているので，その用語を使う傾向がある。グラフ理論の用法にしたがうと図5.1の

四角い箱を「頂点」あるいは「結節（ノード）」とよび，線を「辺」あるいは「紐帯」とよぶ。図5.1のようなものを「グラフ」とよぶ。社会ネットワーク分析では「ソシオグラム」ともよぶ。本書では，「頂点」「辺」「グラフ」をもちいる。また，辺によって結ばれている両端頂点は「隣接している」という。ここで，図5.1のグラフを G_1 とする。

距離にもとづく中心性　　このグラフ G_1 を使って中心性を評価する。中心性の議論をする前にグラフにおける距離の概念を導入する。そのグラフにおける距離は以下のように定義される。

> **【定義3　グラフにおける距離】**　任意のグラフ G の異なる2つの頂点 v_i, v_j の距離 $d_G(v_i, v_j)$ は，もしその2頂点を結ぶ通路があるなら，その通路の中で最短の通路における辺の数で定義される。もし，その2頂点の通路がないなら，
>
> $$d_G(v_i, v_j) = \infty \tag{5.1}$$
>
> となる。また，その2頂点が同一点である場合（$v_i = v_j$）は，
>
> $$d_G(v_i, v_j) = 0 \tag{5.2}$$
>
> となる。

図5.1を例にとって説明する。頂点である田中と鈴木のグラフにおける距離を求めたい。田中と鈴木は隣接しているので，

$$d_{G_1}(田中, 鈴木) = 1 \tag{5.3}$$

となる。また，佐藤と高橋の距離は，最短通路の3つの辺を通って到達するので，

1. 中心性　89

$$d_{G_1}(佐藤, 高橋) = 3 \tag{5.4}$$

となる。すべての組合せの距離を求めると表5.3のようになる。

　グラフ理論の距離は説明したが，この会話によるネットワークの距離とはどのような意味をもつのであろうか。会話を交わしているということは，情報の送受信がおこなえるため，その隣接している構成員に影響を与える可能性が高くなる。では，隣接していない構成員には，影響を与える可能性がないのだろうか。否，隣接していなくても，その構成員に隣接している構成員に働きかけて間接的影響を与えることができる。しかし，あいだに構成員が何人入るかによってその影響を与える可能性は低くなる。この，あいだに構成員が何人入るかが，グラフ理論における距離にあたるのだ。この距離の概念を使って中心性を定義すると以下のようになる。

【定義4　距離にもとづく中心性】　他の構成員とネットワークにおける距離が近いと情報の送受信ができる可能性が高くなる。そうすると，構成員や情報を操作しうる可能性が高くなる。つまり，他の構成員とネットワークにおける距離が近いと中心性が高くなる。逆に他の構成員と距離が遠い場合は，その逆となり中心性は低くなる。

表5.3　各構成員間の距離

名前	田中	鈴木	佐藤	中村	小林	高橋	山田	井上	木村
田中	0	1	1	1	1	2	1	1	2
鈴木	1	0	2	2	1	1	2	2	2
佐藤	1	2	0	2	2	3	1	2	3
中村	1	2	2	0	2	2	1	1	1
小林	1	1	2	2	0	1	2	2	2
高橋	2	1	3	2	1	0	3	2	1
山田	1	2	1	1	2	3	0	2	2
井上	1	2	2	1	2	2	2	0	1
木村	2	2	3	1	2	1	2	1	0
合計	10	13	16	12	13	15	14	13	14

　ここで，構成員数が n 人の任意の集団において，そのグラフ G の任意の頂点 v_i における中心性指標 $C_G(v_i)$ の公式を定義したい。定義4により距離にもとづく中心性指標は複数個考えられるが，より単純なものを示す。その指標は，

他の構成員との距離の総和が遠ければ遠いほど中心性は低くなるのだから，他の構成員との距離の総和に反比例しなければならない。このことのみを反映すると以下の式になる[2]。

$$C_G(v_i) = \frac{1}{(v_i \text{から他の構成員への最短距離の総和})} \quad (5.5)$$

$$= \frac{1}{\sum_{m=1}^{n} d_G(v_i, v_m)} \quad (5.6)$$

この式をグラフ G_1 に当てはめるとその評価値は表5.1の順に右から書くと，

$$\{0.1, 0.078, 0.063, 0.083, 0.077, 0.067, 0.071, 0.077, 0.071\} \quad (5.7)$$

になる。この評価値より順位づけをすると，表5.4のようになる。表5.2と比べると同順位だったのは田中だけで，あとはすべて順位に変更があった。特に

表5.4　距離にもとづく中心性評価における順位

順位	1	2	3	4	5	6	7	8	9
名前	田中	中村	鈴木小林井上	―	―	山田木村	―	高橋	佐藤

変化が激しかったのは佐藤で「役職・学年属性にもとづく中心性」による評価では3位だったのが「距離にもとづく中心性」の評価では再下位の9位に落ち

---

[2] 本来この種の指標は，構成人数の違う他の集団と比較ができるように設定される場合が多い。今回の式は，より理解しやすいように単純な式になるようにしたため，他集団の比較ができるように設定していない。J. ボワセベン（Boissevain 1974 = 訳 1986）は，以下のように定義している。

$$C'_G(v_i) = \frac{\text{全構成員から他の構成員への最短距離の総和}}{v_i \text{から他の構成員への最短距離の総和}}$$

$$= \frac{\sum_{i=1}^{n}\sum_{k=1}^{n} d_G(v_k, v_i)}{\sum_{m=1}^{n} d_G(v_i, v_m)}$$

ている。次に変化が激しかったのは井上で8位から3位に上がっている。これらの結果は，視点を変えることでそのちがいがでたのであるが，両中心性のどのような性質がこのちがいをだしたのだろうか。「役職・学年属性にもとづく中心性」は，「役職」と「学年」というすべての構成員が知っているフォーマルな情報である。それに対して会話関係情報をすべての構成員が知っている訳ではないし，正式に決まっていない情報である。このことより前者を表面上の順位とするなら後者を潜在的要素が含まれた順位といえよう。このあたりの違いが上記の結果を生みだしたのだと考えられる。このように，社会ネットワーク分析は，隠れた中心的構成員や表面上だけの中心的構成員を見つけだすのに有効な手段である。

　さて，「距離にもとづく中心性」よりサークルにおける中心性を求めたわけであるが，この評価は，サークルの運営に対しての中心性を求めたのであろうか。この調査は，サークル員同士で会話がおこなわれているかいないかを調べただけで，サークルの運営について話しているかどうかは調査していない。したがって，サークルの目的に対応した中心的構成員を求めたのではなく，それ以外の遊び・勉強等の目的に対応した中心的構成員を求めたのかもしれない。次では，少し会話内容をしぼって分析してみたい。

相談関係のネットワーク（有向グラフ）　　会話内容をしぼって，サークルの目的に対応した中心的構成員を導きだすために，以下のような調査をする。サークルの運営について誰に相談しているかを調べた。その結果が図5.2である。

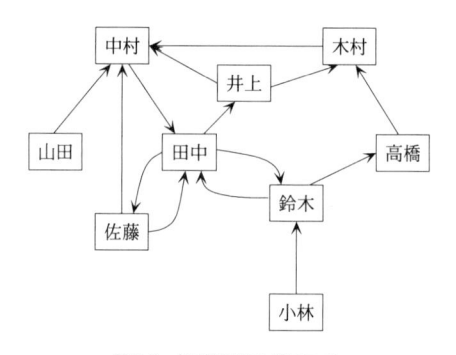

図5.2　相談関係のグラフ D_1

図の説明をしよう。今回は会話のようにお互いが話すことによってできる関係ではなく，構成員 A が構成員 B に相談するが構成員 B は構成員 A に相談しないような関係が存在する。すなわち，相談関係には関係があるという情報だけではなく方向情報も含まれる。したがって，図 5.2 のように辺が矢印付きの線で表現されている。これは，「矢の元の構成員」が「矢の先の構成員」に相談していることを意味する。この場合の経路は矢印のある方向にしか進めないことになる。このようなグラフを「有向グラフ」とよぶ。また，グラフ G_1 のような矢印のないグラフを，有向グラフと比較して使う場合は，「無向グラフ」とよぶ。ここで，図 5.2 のグラフを D_1 とし，それをもとに「距離にもとづく中心性」を使って評価したい。グラフ D_1 における各構成員間の距離は表 5.5 のようになる。表において横に並んでいる構成員から縦に並んでいる構成員へ

表 5.5 各構成員間の距離

名前	田中	鈴木	佐藤	中村	小林	高橋	山田	井上	木村
田中	0	1	1	1	2	3	2	2	2
鈴木	1	0	2	2	1	4	3	3	3
佐藤	1	2	0	2	3	4	3	3	3
中村	2	3	1	0	4	2	1	1	1
小林	∞	∞	∞	∞	0	∞	∞	∞	∞
高橋	2	1	3	3	2	0	4	4	4
山田	∞	∞	∞	∞	∞	∞	0	∞	∞
井上	1	2	2	2	3	4	3	0	3
木村	2	2	3	3	3	1	4	1	0
合計	∞	∞	∞	∞	∞	∞	∞	∞	∞

の距離を求めている。表 5.3 は無向グラフであるから各構成員の行と列の距離の値は等しかった。しかし，表 5.5 は，行の値と列の値は方向がちがうので，必ずしも等しいとはかぎらない。ここで，表 5.5 の合計の行をみると，すべて ∞ になっている。これでは，各構成の距離にもとづく中心性を比較することができない。このように到達不可能な頂点を含むグラフにおいて「距離にもとづく中心性」は，適用できない。なお，矢印の方向とは逆の方向で距離を求めその合計では比較ができる。

次数にもとづく中心性 「距離にもとづく中心性」が使えないのなら別の中心性を定義するしかない。まず，相談関係について考えてみよう。サークルの

運営について相談される側は，他のサークル員から信頼されているか他のサークル員よりサークルについての情報を多くにぎっている。この性質は定義1に近い。そこで，相談関係にもとづく中心性を定義する。

【定義5　相談関係にもとづく中心性】 相談される人は中心的である。また，相談してくる人が多ければ多い程中心的である。

この定義を満たす中心性指標もまた複数個考えられるが，シンプルなものとしてJ. ニーミネン（Nieminen 1974, pp.322-336）の「次数にもとづく中心性」がある。次数とは隣接する辺の数のことであるが，有向グラフの場合は外から中に入ってくる辺と中から外に出ている辺の2種類の辺がある。それぞれを「入次数」と「出次数」とよぶ。任意の有向グラフDにおけるある頂点vの入次数$\delta^-(v)$，出次数を$\delta^+(v)$とすると公式は以下のとおりである。

$$\delta^-(v) = (外から中に入ってくる辺の数) \tag{5.8}$$
$$\delta^+(v) = (中から外に出ていく辺の数) \tag{5.9}$$

本件では，定義5より相談してくる人の多さを扱うので，外から中の(5.8)式のみを使う。この式で評価しその評価値を表5.1の順に右から書くと，

$$\{3, 2, 1, 4, 0, 1, 0, 1, 2\} \tag{5.10}$$

になる。この評価値より順位づけをすると，表5.6のようになる。特徴としては，その他の順序づけでは，田中幹事が必ず1位になっていたが，役職についていない中村がこの順位づけでは1位になった点である。距離にもとづく中心

表5.6　次数にもとづく中心性評価における順位

順位	1	2	3	4	5	6	7	8	9
名前	中村	田中	鈴木 木村	──	佐藤 高橋 井上	──	──	小林 山田	──

性による順序づけの時も2位であったことより前述の隠れた中心的構成員とは中村のことではないかと思われる。また，この中心性指標では，相談をまったく受けない人は評価値が0になる。その性質より，「役職・学年属性にもとづく中心性」と「距離にもとづく中心性」で4位と3位だった小林が8位になっている。

社会ネットワーク分析では，「次数にもとづく中心性」のように隣接された頂点の辺のみを考慮にいれて分析するものを「局所中心性」とよぶ。一方，「距離にもとづく中心性」のように他のすべての頂点との関係を考慮にいれて分析するものを「大域中心性」とよぶ。

ちなみに，グラフ G_1 において次数にもとづく中心性を使わなかったのは，会話によるネットワークに適用すると，多くの人と話をしていることが強調されて，中心性の意味合いが弱くなるからだ。

問2 あなたが属しているサークル・ゼミ・クラス等において調査をし会話によるネットワークを作成せよ。そのネットワークより中心性の評価値を求めよ。

ここで，紹介した中心性指標は，ごくわずかである。代表的なものをあげると，B. ボナチッチ（Bonacich 1972, pp.113-120）のボナチッチ中心度[3]，L. C. フリーマン（Free-man 1979, pp.215-239）の媒介性にもとづく中心性等がある。

2. 班　分　け

ここで，グラフを分析の手法として使うだけでなく実用で使えるということ

---

[3] 各種中心性指標を紹介したが，よく応用されるこのボナチッチ中心度を注のスペースを使って説明する。ここで，社会ネットワークを次章で紹介する隣接行列で表現したとしよう。仮にその隣接行列を W とする。ただし，W は，正規行列でなければならない。この中心性指標の評価値を成分とするベクトルを C とすると，そのベクトル C は以下の式を満たす。

$$\lambda_{max} C = {}^t W C$$

ただし，λ_{max} は，行列 ${}^t W$ の最大固有値である。つまり，最大固有値の固有ベクトルがこの中心性指標の評価値である。

を示すために例を以下に記す。仮に今，学園祭の日がせまっているとしよう。その準備のために田中幹事をのぞく構成員すべてが重複しないような2つの班に分けたい。文化祭準備期間のみの班ということもあり普段から交流のある構成員同士で分けたい。したがって，図5.1のグラフ G_1 が会話という交流の関係にもとづいて作成されているので班分けに使えそうである。班分けをする前に，交流のある集団とは，どのような集団であるのかを整理しておきたい。これは，グラフで説明すると辺の数が多いことを意味する。しかし，構成員数が多くなると存在しうる辺の数も多くなる。ここで，構成員数のちがう集団と比較するためにグラフにおける密度の公式を示したい。任意のグラフ G において構成員数を n 人とすると，存在可能な辺の数 r は，

$$r = \frac{{}_nP_2}{2} = \frac{n!}{2(n-2)!} = \frac{n(n-1)}{2} \tag{5.11}$$

である。よって G の密度 $\mathrm{dens}(G)$ は次式によって得られる。

$$\mathrm{dens}(G) = \frac{(G において実際に存在する辺の数)}{r} \tag{5.12}$$

ちなみに，グラフ G_1 の密度 $\mathrm{dens}(G_1)$ は，

$$\mathrm{dens}(G_1) = \frac{15}{36} = 0.4166... \tag{5.13}$$

である。この密度は，サークル全体の性質を表す。たとえば，運営がうまくいっているサークルの密度とうまくいっていないサークルの密度を比較して運営との関係を調べることができる。

この式を使って，サークルの班分けをおこないたい。対象集団の構成員数は，田中幹事をのぞいたので8人になる。これを4名ずつに分けるのだから，8人から4人を選び出す組み合わせの数となりその数は，

$$_8C_4 = \frac{8!}{4!(8-4)!} = 70 \tag{5.14}$$

より70通りある。これより求めた各々の組み合わせにおけるグラフの密度を求める。2つあるグラフで片方の密度が高くてももう一方の密度が低ければ,交流のある2集団に分けることにはならない。したがって,その2つの密度を足したものが最大になる組み合わせをみつけなくらばならない。計算した結果,集合 S_1 = {鈴木, 佐藤, 小林, 高橋} と集合 S_2 = {中村, 山田, 井上, 木村} という組み合わせと集合 S_3 = {鈴木, 小林, 高橋, 木村} と集合 S_4 = {佐藤, 中村, 山田, 井上} という組み合わせが最高値を示した。各集合のグラフをそれぞれ Hs_1, Hs_2, Hs_3, Hs_4 とすると各密度は,

$$\mathrm{dens}(Hs_1) = 0.5 \tag{5.15}$$

$$\mathrm{dens}(Hs_2) = 0.6666... \tag{5.16}$$

$$\mathrm{dens}(Hs_3) = 0.6666... \tag{5.17}$$

$$\mathrm{dens}(Hs_4) = 0.5 \tag{5.18}$$

である。集合 S_1 と集合 S_2 の組み合わせは高密度になるが集合 S_1 の佐藤が誰ともつながっていない状態になる。このように他の頂点とまったくつながっていない頂点を「孤立点」とよぶ。また,その他の3人だけの集合 S'_1 = {鈴木, 小林, 高橋} の密度 $\mathrm{dens}(H_{S'1})$ は,

$$\mathrm{dens}(H_{S'1}) = 1 \tag{5.19}$$

になり最大値となる。このような,すべての頂点が互いに隣接しているグラフを「完備グラフ」とよぶ。班分けにおいては,孤立する者がでないようにするためと密度に偏りがないようにするために,集合 S_3 と集合 S_4 の組み合わせのように班分けするのがよいと考えられる。次の頁の図5.3は田中幹事を除いたグラフである。そのグラフに上の求めた各班を線で囲ったものである。図から田中幹事をのぞいただけでグラフはすっきりし,班分けもいちいちすべての組み合わせの密度を計算しなくても図から判断できる。また,図5.1と図5.3を比較するといかに田中幹事がこのサークルのネットワーク上で重要な位置すなわち中心的な位置をしめているかがわかる。

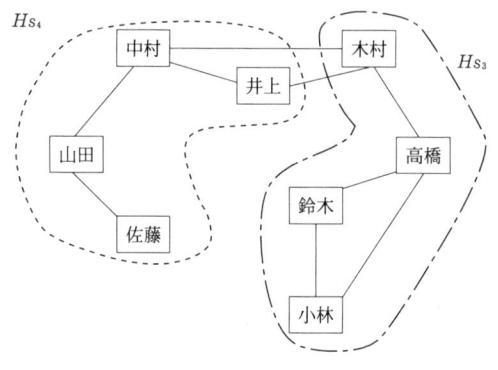

図5.3 班分けしたグラフ

3. クリーク

　前節では社会ネットワークによりフォーマルな班分けをおこなった。本節では，サークル内にインフォーマルな下位集団が形成されているかどうかを社会ネットワークを使って調べたい。前節では，明確に4人の構成員が重複していない2つの班に分けるということが決まっていたが，この下位集団は，構成員と集団の数は現時点では不明である。また，複数の下位集団に属している者がいるかもしれない。このような下位集団の概念がある。それは「クリーク」である。その定義は，下記のとおりである。

> 【定義6　クリーク】　クリークとは，フォーマルな集団を上位集団として，その中に形成される下位集団（仲間・同士・徒党・閥等）をさし，構成員間の情緒的で緊密な相互接触・規範・価値・目的がインフォーマルに形成される集団である[4]。

社会ネットワークに当てはめて考えると，定義6の「相互接触」を「互いに隣接している」と解釈できる。そうすると，任意のグラフ G に包含される部分グラフ H がクリークだとすると，

---

[4] 新社会学辞典（森岡・塩原・本間 1990）の「クリーク」の定義を参考にした。

$$\mathrm{dens}(H) = 1 \tag{5.20}$$

が必ず成り立つ。この式は，前節で説明した完備グラフの条件でもある。構成員を多くするために，さらにその完備グラフをみずから含む極大の部分グラフであることを条件に加える。これを「極大完備グラフ」とよぶ。

しかし，この極大完備グラフのクリークを経験的なネットワークデータで適用すると，構成員が極小数のクリークがあらわれるが，構成員が多数のクリークはなかなかあらわれない。つまり，条件が厳しすぎるのである。そこで，J. A. バーンズ（Barnes 1969 = 訳 1983, 43-73 頁）は，条件をゆるめて構成員数を 5 人以上，密度を 0.8 以上と設定して解析している。その設定でグラフ G_1 のクリークを探したが存在しなかった。なぜなら構成員数 5 以上の組合せにおける各グラフの密度を求めると，最大が 0.7 となるからである。ここで条件をさらにゆるめて設定の密度を 0.7 以上とすると，集合 S_5 = {田中, 佐藤, 中村, 山田, 井上} と集合 S_6 = {田中, 中村, 山田, 井上, 木村} の 2 つのクリークが導きだせる。各々のグラフを Hs_5, Hs_6 として，各クリークを線で囲むと図 5.4 のようになる。2 つのクリークに両方とも属している集合 S_7 は，

$$S_7 = S_5 \cap S_6 \tag{5.21}$$
$$= \{田中, 中村, 山田, 井上\} \tag{5.22}$$

の 4 人である。構成員が 9 人の集団で 5 人のクリークを探しているのだから重

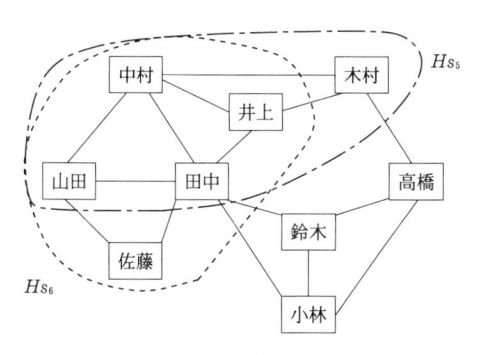

図 5.4 下位集団を表示したグラフ

複がある可能性は高い。そこで，今度は設定を4人以上，密度を0.8以上にしてみよう。そうすると集合 S_8 = {田中, 鈴木, 小林, 高橋} と集合 S_9 = {田中, 佐藤, 中村, 山田} と集合 S_{10} = {田中, 中村, 山田, 井上} と集合 S_{11} = {田中, 中村, 井上, 木村} の4クリークが導きだされる。各クリークの密度は，すべて0.8333... である。4つのクリークに全部属しているのは田中のみである。

以上の分析により，このサークルのクリークははっきりと2つに分かれるようなものは，存在しない。したがって，本章の初めの④のように2つの派閥に分かれていることはなさそうである。また，すべてのクリークに田中幹事が入っていることも田中幹事の中心性の高さがうかがえる。

> **問3** あなたが属しているサークル・ゼミ・クラス等のクリークを導き出し分析せよ。

4．ま と め

上記の結果をまとめると，表5.7のようになる。表の説明をしよう。役職と

表5.7 サークル員個人の属性

名前	田中	鈴木	佐藤	中村	小林	高橋	山田	井上	木村
役職	幹事	副幹事	会計	——	——	——	——	——	——
学年	4	4	4	3	3	3	2	1	1
属性中心	1	2	3	4	4	4	7	8	9
距離中心	1	3	9	2	3	8	6	3	6
次数中心	2	3	5	1	8	5	8	5	3
班分け	——	S_3	S_4	S_4	S_3	S_3	S_4	S_4	S_3
クリーク	S_5, S_6		S_6	S_5, S_6			S_5, S_6	S_5, S_6	S_5

学年は，表5.1と同じである。その下の「属性中心」とは「役職・学年属性にもとづく中心性」，「距離中心」とは「距離にもとづく中心性」，「次数中心」とは「次数にもとづく中心性」のことである。それぞれの行の数字は順位を表す。また，「班分け」の行は，班分けした時に自分が属する班を表す。最後行の「クリーク」は，自分が属するクリークを表す。

> **問 4** これらの分析より，このサークルの構造について言及せよ。

　この表を眺めると属性が増えているようにみえる。これは，上記の分析によって関係の情報から個人属性の情報に変換したからである。ここから，属性にもとづく中心性を再定義して新しい中心的構成員を導き出すこともできよう。そのためには，それぞれの属性が新しい中心性にとってどれだけ重要であるかを調べなければならない。

　本章では，頁の都合で単一の集団のみの分析をおこなった。しかし，本来なら他の集団との比較をして初めてこれら分析が明確になるのだ。たとえば，運営がうまくいっているサークルとうまくいってないサークルの分析を比較すること等が考えられる。

文献案内
安田雪　1997　『ネットワーク分析 ―何が行為を決定するか―』　新曜社
　社会ネットワーク分析についての入門書である。極力数式を使わないで説明している。また，多くの事例をあげて説明している。

平松闊編　1990　『社会ネットワーク』　福村出版
　すでに絶版となっている本であるが，図書館で探すなりして読んでほしい。第6章「クリークと点中心性」は本章の内容をより専門化したものである。専門書なので内容は難しいが，さらに詳しいことを勉強したい方には適している。

6章 行列による社会ネットワーク分析

小林 淳一

　前章でとりあげられた社会ネットワーク分析は，社会学のなかでは，比較的新しい研究分野である。社会学においては，集団や組織の研究は古くからおこなわれていたのに対し，社会ネットワークの構造や機能の研究が始まったのは1950年代になってからのことである。しかしネットワーク研究の花が開くには，1970年代を待たなければならなかった。今日では，社会学者が関心をもつような主題のかなり多くのものが，社会ネットワーク分析の観点からとり扱われるまでに至っている（Wasserman and Faust 1994）。こうした社会ネットワーク分析は，初期には，グラフ理論とよばれる数学的手法と結びつくことによって発達してきたという経緯がある。このため前章では，社会ネットワークをグラフとして検討したのである。それに対し本章では，グラフとしての社会ネットワークを行列で表現し，数理的な解析を施してみる[1]。

1. 行列による表現

要素と要素のあいだの関係　　まず前章にでてきたグラフを，もう少しフォー

---

[1] 以下の論述にあたっては，ケメニー，スネルとトンプソン（Kemeny, Snell and Thompson 1957），ロバーツ（Roberts 1976），ローレスとアントン（Rorres and Anton 1979），池田（1980），ブラッドリーとミーク（Bradley and Meek 1986），ワサーマンとフォスト（Wasserman and Faust 1994）などの書物を参考にした。ただし，あまりにも繁雑になるので，引用文献と引用箇所を逐一記すことはしなかった。

マルにとり扱うと，つぎのようになる。グラフは，「要素」$p_1, p_2, \ldots\ldots, p_n$ と，任意の 2 つの要素 p_i と p_j のあいだの関係 (p_i, p_j) からなる。このとき必ず $(p_i, p_j) = (p_j, p_i)$ であれば，問題の関係は対称的である。このようなグラフを無向グラフという（会話の関係を表すグラフがそうであった）。これに対し，かならずしも $(p_i, p_j) = (p_j, p_i)$ ではない非対称的な関係もある。つまり p_i の p_j に対する関係と，p_j の p_i に対する関係が，一般的には異なっているような関係である。この場合には，(p_i, p_j) と (p_j, p_i) とを区別する必要がある。そのようなグラフを有向グラフという（クラブの運営のことを相談する関係が，そうであった）。

グラフ理論では，要素（個人・集団・事象などを考えればよい）を「点」「頂点」「結節（ノード）」などとよび，要素と要素のあいだの関係を「線」「辺」「弧」などとよぶ。特定の辺 (p_i, p_j) が存在すれば，$p_i - p_j$（無向グラフの場合）ないしは $p_i \to p_j$（有向グラフの場合）と表す。このとき p_i と p_j は，「隣接している」という。また $(p_i, p_j), (p_j, p_k), \ldots\ldots, (p_s, p_t), (p_t, p_u)$ のような辺の系列を，経路（パス）という。経路がある 2 つの点は，「連結されている」という。

さて以下では，有向グラフで表わされる社会ネットワークがとりあげられる。議論の便宜をはかるため，9 つの頂点と 14 の辺から成る前章 88 頁の有向グラフを再掲しておく。

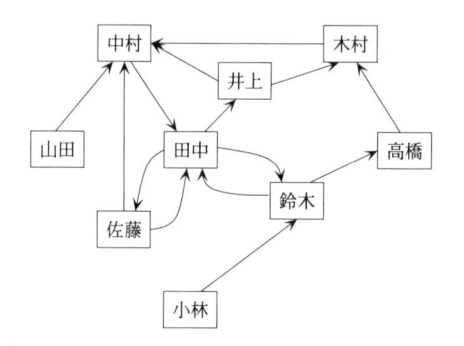

図 6.1 有向グラフの例（92 頁のグラフと同じ）

k 段階の関係　　さて問題の有向グラフの頂点の 1 つである鈴木さんに注目

すると，鈴木さんは，田中さんと高橋さんには相談するが，たとえば井上さんには「直接に」相談する関係にはないことがわかる。しかし鈴木さんは田中さんに相談し，つぎに田中さんが井上さんに相談することをとおして，井上さんに「間接的に」相談しているとみることができる。

ここでは鈴木さんと田中さんのような関係（鈴木→田中）を1段階の関係と，また鈴木さんと井上さんのような関係（鈴木→田中→井上）を2段階の関係とよぶことにする。さらに，2段階の関係のような間接的な関係を一般化した「k段階の関係」($k=1, \ldots\ldots$)について考えることができる。

【定義1　k段階の関係】　有向グラフの頂点p_iが$k-1$個の頂点を経由して頂点p_jと連結されているとき，頂点p_iは頂点p_jとk段階の関係（$k=1$, ……）にあるという。

任意の有向グラフにおいて，頂点p_iからp_jへのk段階の関係の個数（$k-1$個の頂点を経由する経路の数）を求めることは興味深い問題である。そのためには，有向グラフの行列による表現方法について理解しておく必要がある。

隣接行列（頂点行列）　　n個の頂点からなる有向グラフから，$n\times n$の行列$A=[a_{ij}]$をつくるには，

$$a_{ij} = \begin{cases} 1 & \cdots\cdots p_i \to p_j \text{のとき} \\ 0 & \cdots\cdots \text{そうではないとき} \end{cases}$$

とすればよい。ただしAの主対角要素a_{ii}は，すべて0とする。こうしてつくられる行列を，「隣接行列」（あるいは「頂点行列」）とよぶ。

問1　$p_1=$田中，$p_2=$鈴木，$p_3=$佐藤，$p_4=$中村，$p_5=$小林，$p_6=$高橋，$p_7=$山田，$p_8=$井上，$p_9=$木村とし，図6.1の有向グラフを隣接行列Aで表現するとどうなるだろうか。

$$A = \begin{array}{c} \\ p_1 \\ p_2 \\ p_3 \\ p_4 \\ p_5 \\ p_6 \\ p_7 \\ p_8 \\ p_9 \end{array} \begin{array}{c} \begin{array}{ccccccccc} p_1 & p_2 & p_3 & p_4 & p_5 & p_6 & p_7 & p_8 & p_9 \end{array} \\ \left[\begin{array}{ccccccccc} 0 & 1 & 1 & 0 & 0 & 0 & 0 & 1 & 0 \\ 1 & 0 & 0 & 0 & 0 & 1 & 0 & 0 & 0 \\ 1 & 0 & 0 & 1 & 0 & 0 & 0 & 0 & 0 \\ 1 & 0 & 0 & 0 & 0 & 0 & 0 & 0 & 0 \\ 0 & 1 & 0 & 0 & 0 & 0 & 0 & 0 & 0 \\ 0 & 0 & 0 & 0 & 0 & 0 & 0 & 0 & 1 \\ 0 & 0 & 0 & 1 & 0 & 0 & 0 & 0 & 0 \\ 0 & 0 & 0 & 1 & 0 & 0 & 0 & 0 & 1 \\ 0 & 0 & 0 & 1 & 0 & 0 & 0 & 0 & 0 \end{array} \right] \end{array}$$

k 段階の関係の個数 この隣接行列をもちいれば,任意の有向グラフにおける頂点 p_i から p_j への k 段階の関係の個数を容易に求めることができる(たとえば Rorres and Anton[1979=訳 1980, 33-34 頁] を参照)。

【定理 1】 任意の有向グラフの隣接行列を A とする。A^k の (i, j) 要素は,頂点 p_i から頂点 p_j への k 段階の関係の個数を与える。ただし $K=1, 2, \cdots$ …… とする。

【証明のヒント】
$$a_{ij}^{(2)} = a_{i1} a_{1j} + a_{i2} a_{2j} + \cdots\cdots + a_{in} a_{nj} \tag{6.1}$$
であるが,2 段階の関係 $p_i \to p_1 \to p_j$ が存在する必要十分条件は,$a_{i1} a_{1j} = 1$ である。以下同様に,2 段階の関係,………,n 段階の関係について考えてゆけばよい。

そこで,図 6.1 の有向グラフの隣接行列 A の 2 乗と 3 乗をとり,p_1(=田中)から p_4(=中村)への各段階の関係の個数を数えてみる。

$$A^2 = \begin{pmatrix} 2 & 0 & 0 & 2 & 0 & 1 & 0 & 0 & 1 \\ 0 & 1 & 1 & 0 & 0 & 0 & 0 & 1 & 1 \\ 1 & 1 & 1 & 0 & 0 & 0 & 0 & 1 & 0 \\ 0 & 1 & 1 & 0 & 0 & 0 & 0 & 1 & 0 \\ 1 & 0 & 0 & 0 & 0 & 1 & 0 & 0 & 0 \\ 0 & 0 & 0 & 1 & 0 & 0 & 0 & 0 & 0 \\ 1 & 0 & 0 & 0 & 0 & 0 & 0 & 0 & 0 \\ 1 & 0 & 0 & 1 & 0 & 0 & 0 & 0 & 0 \\ 1 & 0 & 0 & 0 & 0 & 0 & 0 & 0 & 0 \end{pmatrix}$$

$$A^3 = \begin{pmatrix} 2 & 2 & 2 & 1 & 0 & 0 & 0 & 2 & 1 \\ 2 & 0 & 0 & 3 & 0 & 1 & 0 & 0 & 1 \\ 2 & 1 & 1 & 2 & 0 & 1 & 0 & 1 & 1 \\ 2 & 0 & 0 & 2 & 0 & 1 & 0 & 0 & 1 \\ 0 & 1 & 1 & 0 & 0 & 0 & 0 & 1 & 1 \\ 1 & 0 & 0 & 0 & 0 & 0 & 0 & 0 & 0 \\ 0 & 1 & 1 & 0 & 0 & 0 & 0 & 1 & 0 \\ 1 & 1 & 1 & 0 & 0 & 0 & 0 & 1 & 0 \\ 0 & 1 & 1 & 0 & 0 & 0 & 0 & 1 & 0 \end{pmatrix}$$

$a_{14}^{(1)} = 0$, $a_{14}^{(2)} = 2$, $a_{14}^{(3)} = 1$ であるので, 定理1によれば, 1段階の関係は0個, 2段階の関係は2個, 3段階の関係は1個だけあることがわかる. つまり

2段階の関係 : $p_1 \to p_8$（＝井上）$\to p_4$, $p_1 \to p_3$（＝佐藤）$\to p_4$
3段階の関係 : $p_1 \to p_8 \to p_9$（＝木村）$\to p_4$

である.

1. 行列による表現

2. 優越関係の分析

優越関係の構造　ある個体 p_i が別の個体 p_j に「優越する」という関係を表すのに，記号 $p_i \gg p_j$ をもちいる（Kemeny, Snell and Thompson 1957）。この優越するという関係が，具体的には何を意味するかは，場面に依存する（たとえばニワトリのあいだのつつき順位，野球の勝ち負け，裁判官のあいだの影響関係など）。

> 【定義2　優越関係】　関係 $\gg$ が，つぎの2つの条件を満足するとき，その関係を優越関係という。
> ① $p_i \gg p_i$ は起こりえない。
> ② 任意の1対の個体 $p_i \cdot p_j$ については，$p_i \gg p_j$ または $p_j \gg p_i$ であって，その両方ではありえない。

ここでつぎのことに注意しなければならない。それは，$p_i \gg p_j$ かつ $p_j \gg p_k$ であっても，$p_i \gg p_k$ となるとはかぎらないということである。つまり3者のあいだの優越関係を考えれば，$p_i \gg p_j \gg p_k$ となる推移的な構造（これを「ヒエラルヒー」という）と，$p_i \gg p_j$, $p_j \gg p_k$, $p_k \gg p_i$ となる非推移的な構造（これを「サイクル」という）が区別される。

優越行列　関係 $\gg$ をこれまでの記号 → に置き換えれば，優越関係を有向グラフで表すことができる。これを優越グラフという。また $p_i \gg p_j$ のとき (i, j) 要素が1でかつ (j, i) 要素が0，またすべての対角要素が0となる行列 D によって，優越関係を表現することもできる。これを優越行列という。

ここで，例のメンバー9名の将棋クラブを想起しよう。9名のあいだの将棋の試合（総当たり制）の勝ち負けを優越関係として，つぎのような優越行列 D で表す[2]。

---

[2] この優越行列 D において，たとえば $p_1 \cdot p_2 \cdot p_4$ のあいだでは，$p_1 \gg p_4 \gg p_2$ というヒエラルヒーが成立している。これに対し，たとえば $p_1 \cdot p_2 \cdot p_3$ のあいだでは，$p_1 \gg p_3$, $p_2 \gg p_3$, $p_3 \gg p_1$ というサイクルが成立している。

$$D = \begin{array}{c} \\ p_1 \\ p_2 \\ p_3 \\ p_4 \\ p_5 \\ p_6 \\ p_7 \\ p_8 \\ p_9 \end{array} \begin{array}{c} \begin{array}{ccccccccc} p_1 & p_2 & p_3 & p_4 & p_5 & p_6 & p_7 & p_8 & p_9 \end{array} \\ \left[\begin{array}{ccccccccc} 0 & 1 & 0 & 1 & 1 & 1 & 0 & 1 & 1 \\ 0 & 0 & 1 & 0 & 0 & 1 & 1 & 1 & 0 \\ 1 & 0 & 0 & 1 & 0 & 0 & 0 & 1 & 1 \\ 0 & 1 & 0 & 0 & 1 & 0 & 0 & 0 & 0 \\ 0 & 1 & 1 & 0 & 0 & 1 & 1 & 0 & 1 \\ 0 & 0 & 1 & 1 & 0 & 0 & 1 & 1 & 1 \\ 1 & 0 & 1 & 1 & 0 & 0 & 0 & 1 & 0 \\ 0 & 0 & 0 & 1 & 1 & 0 & 0 & 0 & 1 \\ 0 & 1 & 0 & 1 & 0 & 0 & 1 & 0 & 0 \end{array} \right] \end{array}$$

また D の行和を，つぎの行ベクトル ${}^t\!d$ で表す。

$${}^t\!d = (6, 4, 4, 2, 5, 5, 4, 3, 3)$$

${}^t\!d$ の各要素は，もちろん，各人が将棋の試合で勝った相手の数を示している。たとえば田中（$=p_1$）は 6 勝，小林（$=p_5$）は 5 勝，井上（$=p_8$）は 3 勝しているのである。

k 段階の優越関係　　優越関係を表現する優越グラフについても，頂点 p_i が $k-1$ 個の頂点を経由して頂点 p_j と連結されているという k 段階の関係（$k=1, \cdots\cdots$）を考えることができる。

> 【定理2】　優越行列 D を k 乗した行列 D^k の (i, j) 要素は，頂点 p_i から頂点 p_j への k 段階の優越関係の個数を与える。ただし $k=1, 2, \cdots\cdots\cdots$ とする。

しかし優越関係については，2 段階の関係まで考えれば成立する，つぎのような定理が重要である。

【定理3】 優越関係にあるn個の個体$p_1, \ldots, p_n$には，自分以外のすべての個体を1段階または2段階で優越する個体が，少なくとも1つは存在する。また自分以外のすべての個体によって，1段階または2段階で優越される個体が，少なくとも1つは存在する。

> **問2** 先ほどの優越行列に対応する優越グラフを書いて，「自分以外のすべての個体を1段階または2段階で優越する個体」が，少なくとも1つあることを確認せよ。また同じく，「自分以外のすべての個体によって1段階または2段階で優越される個体」が，少なくとも1つあることを確認せよ。

定理3の証明 それでは，この定理の証明法について考えてみる。まず行列$U = [u_{ij}]$を，

$$U = D + D^2 \tag{6.2}$$

と定義する。定理3は，この行列Uの少なくとも1つの行（列）は，対角要素を除いて，すべてが非0となっていると主張するものである。ここで自分以外の他の個体を，1段階および2段階で優越する個数の合計が最大である個体をp_1としても一般性を失うことはない。したがってUの各行の要素の和を$q_1, \ldots, q_n$とすれば，当然$q_1 \geq q_k$ ($k = 2, \ldots, n$)となる。定理3を証明するには，問題の個体p_1が1段階でも2段階でも優越できない個体が存在すると仮定し，その仮定が$q_1 \geq q_k$という前提と矛盾することを示せばよい（このような論証の方法を「背理法」という[3]）。

---

[3] 次頁に掲載されている［証明のヒント］だけでは満足できない読者は，小林・松田（2002）を参照されたい。

【証明のヒント】 そうした個体が存在するとして，それを p_l とする。つぎに p_l によって1段階で優越される任意の個体を p_k とする。そうすると $p_l \geqq p_1 \geqq p_k$ である。このことは，$q_l \geqq q_k$ という前提と矛盾する。自分以外のすべての個体によって，1段階または2段階で優越される個体の存在についても，同様の考え方で証明すればよい。

勢力の指数 定理3は，2段階の優越関係まで考慮すれば，各個体のあいだでの力関係の大勢を把握することができることを示唆している。そこで109頁の優越行列を例として，行列 U の行和を要素とする行ベクトル ${}^t q$ をつくってみる。

$${}^t q = \{28, 20, 18, 11, 25, 21, 19, 13, 13\}$$

${}^t q$ の要素 q_i を，各個体の勢力を順序化する指数と解釈しよう。そうすると将棋の強さに関して9人は，表6.1のように順序づけられる。

表6.1 将棋の勝ち負けに関する勢力順位

順位	1	2	3	4	5	6	7	8	9
名前	田中	小林	高橋	鈴木	山田	佐藤	井上 木村	──	中村

もちろん勢力の指数としては，これ以外にいろいろな方式が考えられる。たとえば2段階の優越関係の重みは1段階よりも少ないと仮定すれば，

$$S = D + \alpha D^2 \quad (ただし \quad 0 < \alpha < 1) \tag{6.4}$$

とし，行列 S の各行の和を勢力の指数とすればよい。どのような指数をもちいるべきかは，そのときの問題の性質から判断すべきであろう。

3. 所属行列

ネットワーク分析の盲点　これまでは1対の個体のあいだの関係に注目してきた。そもそもグラフそれ自体が（無向グラフであれ有向グラフであれ），複数の個体のあいだの関係を，ダイアディックな関係（2者間の関係）の集積として表現するものであった。しかしこれでは，社会ネットワークの重要な特徴をとり逃してしまうおそれがある。つぎのような例を考えてみよう（Wilson 1982; Fararo and Doreian 1984）。

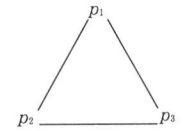

図6.2　2者間の関係の集積としてのネットワーク

この無向グラフでは，頂点は個人を，線は会話する関係を表すものとする。つまり p_1 と p_2 のあいだで，p_2 と p_3 のあいだで，そして p_3 と p_1 のあいだで会話がおこなわれる関係が成立している。しかしこのような会話の関係が成立している理由としては，たとえばつぎの2つが考えられる。1つは，p_1 と p_2，p_2 と p_3，そして p_3 と p_1 がそれぞれ仲のよい「インフォーマル・グループ」を形成しているという可能性である。もう1つは，p_1 と p_2 と p_3 の3人がともに仲のよいインフォーマル・グループを形成しているという可能性である。この2つの可能性が社会ネットワークの構造に対してもつ意味は，大きく異なっている。しかし社会ネットワークをダイアディックな関係（2者間の関係）の集積としてとらえるならば，その差異を弁別することはできないのである。

2種類の点　このような問題に対しては，グラフの頂点に個人 p_i だけでなく，集団 g_k を含めることで解決をはかることができる。このときグラフの線は，個人どうし，集団どうしのあいだには存在せず，個人と集団のあいだにのみ存在する。先ほどの例を使えば，個人 p_1 と p_2，p_2 と p_3，p_3 と p_1 が，それぞれ集団を形成している場合のグラフは，

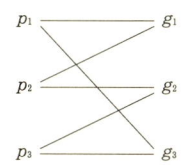

図6.3 対になって集団を形成している場合

となる。これに対し，3人が1つの集団を形成している場合のグラフは，

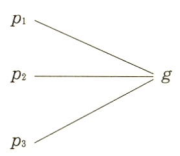

図6.4 1つの集団を形成している場合

となる。その違いは，明らかである。

ところで図6.3と6.4はグラフではあるが，頂点に2種類のものが含まれ，線が2者間の関係を表すものではなく，個人の集団に対する所属（あるいはメンバーシップ）を表わす独自のグラフである[4]。このようなグラフを「2部グラフ」という。2部グラフは，2者間の関係の集積としてはとらえきれない，社会ネットワークの構造を明らかにするのに便利な道具である。

所属行列　　2部グラフは，個人を表す頂点の数を s，集団を表す頂点の数を t とすれば，$s \times t$ の行列 $A = [a_{ik}]$ による表現が可能である（Breiger 1974; Wasserman and Faust 1994）。そのためには，

$$a_{ik} = \begin{cases} 1 & \cdots\cdots p_i - g_k \text{ のとき} \\ 0 & \cdots\cdots \text{そうではないとき} \end{cases}$$

とすればよい。こうしてつくられる行列を，「所属行列」という。

---

[4] ここで「集団」という用語は，かなり広い意味で使われており，たとえばPTAの会合のような行事でもよい。もっともこうした行事の場合には，個人はそれに「所属」するのではなく，「参加」するといった方がよい。

たとえば某県の研究者名簿を調べてみると，9人の社会学者（$p_1 \sim p_9$）について記載がなされていた。かれらについて，α 大学を卒業しているかどうか（g_1），β 学会に所属しているかどうか（g_2），γ 学会に所属しているかどうか（g_3），δ 大学の教員であるか（g_4）をチェックし，つぎのような2部グラフをつくった。また図6.5から所属行列をつくると，つぎのようになる。

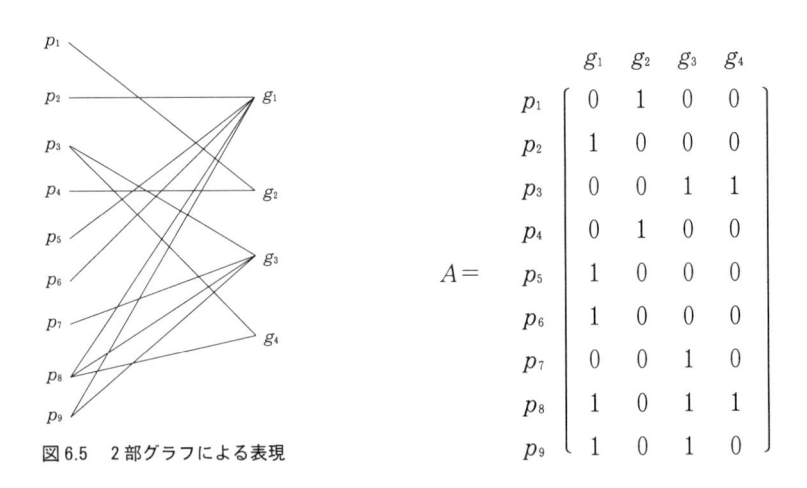

図6.5　2部グラフによる表現

$$A = \begin{array}{c} p_1 \\ p_2 \\ p_3 \\ p_4 \\ p_5 \\ p_6 \\ p_7 \\ p_8 \\ p_9 \end{array} \begin{bmatrix} 0 & 1 & 0 & 0 \\ 1 & 0 & 0 & 0 \\ 0 & 0 & 1 & 1 \\ 0 & 1 & 0 & 0 \\ 1 & 0 & 0 & 0 \\ 1 & 0 & 0 & 0 \\ 0 & 0 & 1 & 0 \\ 1 & 0 & 1 & 1 \\ 1 & 0 & 1 & 0 \end{bmatrix}$$

問3 所属行列 A を転置し，行列 ^tA をつくる。このとき $A\,^tA$ の各要素は，なにを表すのだろうか。また ^tAA は，なにを表わすのだろうか。

行列の掛け算　転置行列 ^tA は，つぎのようになる。

$$^tA = \begin{array}{c} g_1 \\ g_2 \\ g_3 \\ g_4 \end{array} \begin{bmatrix} 0 & 1 & 0 & 0 & 1 & 1 & 0 & 1 & 1 \\ 1 & 0 & 0 & 1 & 0 & 0 & 0 & 0 & 0 \\ 0 & 0 & 1 & 0 & 0 & 0 & 1 & 1 & 1 \\ 0 & 0 & 1 & 0 & 0 & 0 & 0 & 1 & 0 \end{bmatrix}$$

したがって積行列 $A\,^tA$ と ^tAA は，次のようになる。

$$A\,{}^tA = \begin{array}{c} \\ p_1 \\ p_2 \\ p_3 \\ p_4 \\ p_5 \\ p_6 \\ p_7 \\ p_8 \\ p_9 \end{array} \begin{array}{c} \begin{array}{ccccccccc} p_1 & p_2 & p_3 & p_4 & p_5 & p_6 & p_7 & p_8 & p_9 \end{array} \\ \left[\begin{array}{ccccccccc} 1 & 0 & 0 & 1 & 0 & 0 & 0 & 0 & 0 \\ 0 & 1 & 0 & 0 & 1 & 1 & 0 & 1 & 1 \\ 0 & 0 & 2 & 0 & 0 & 0 & 1 & 2 & 1 \\ 1 & 0 & 0 & 1 & 0 & 0 & 0 & 0 & 0 \\ 0 & 1 & 0 & 0 & 1 & 1 & 0 & 1 & 1 \\ 0 & 1 & 0 & 0 & 1 & 1 & 0 & 1 & 1 \\ 0 & 0 & 1 & 0 & 0 & 0 & 1 & 1 & 1 \\ 0 & 1 & 2 & 0 & 1 & 1 & 1 & 3 & 2 \\ 0 & 1 & 1 & 0 & 1 & 1 & 1 & 2 & 2 \end{array} \right] \end{array}$$

$$\,{}^tAA = \begin{array}{c} \\ g_1 \\ g_2 \\ g_3 \\ g_4 \end{array} \begin{array}{c} \begin{array}{cccc} g_1 & g_2 & g_3 & g_4 \end{array} \\ \left[\begin{array}{cccc} 5 & 0 & 2 & 1 \\ 0 & 2 & 0 & 0 \\ 2 & 0 & 4 & 2 \\ 1 & 0 & 2 & 2 \end{array} \right] \end{array}$$

個人と集団の双対性　　$A\,{}^tA=P$ とすると,行列 P の要素 p_{ij} は,個人 i と j がオーバーラップして所属している集団の個数を表す(したがって $p_{ij}=p_{ji}$ である)。また,とくに $i=j$ のとき,つまり P の対角要素 (p_{ii}) は,個人 i が所属している集団の個数を表す。たとえば p_3 と p_7 は,g_3 にオーバーラップして所属している。これは個人 p_3 と p_7 が,集団 g_3 を媒介として「連結」されていることを意味している。数学的には,つぎのようにもいえる。個人 p_i を,その人が所属している集団を要素とする「集合」N_i とすれば,$N_3=\{g_3,\ g_4\}$,$N_7=\{g_3\}$ となる。こうすると個人 p_3 と p_7 を連結する集団 g_3 は,集合 N_3 と N_7 の「交わり(共通部分)」として理解されることがわかる[5]。

　また ${}^tAA=G$ とすると,行列 G の要素は g_{kl} は,集団 k と l にオーバーラッ

---

[5]　これを,$N_3\cap N_7=\{g_3\}$ と書くことができる。一方,$N_3\cap N_4=\phi$(空集合)である。つまり個人 p_3 と p_4 が,オーバーラップして所属している集団(その2人を連結する集団)は存在していないのである。

プして所属している人数を表す(当然 $g_{kl}=g_{lk}$ である)。また,とくに $k=l$ のとき,つまり G の対角要素 (g_{kk}) は,集団 k に所属している人数(成員の数)を表す。たとえば g_1 と g_3 には, p_8 と p_9 がオーバーラップして所属している。これは集団 g_1 と g_3 が,個人 p_7 と p_8 を媒介として「連結」されていることを意味している。先ほどと同様に,集団 g_k を,そこに所属している個人を要素とする「集合」 M_k とすれば, $M_1=\{p_2, p_5, p_6, p_8, p_9\}$, $M_3=\{p_3, p_7, p_8, p_9\}$ となる。このことから,集団 g_1 と g_3 を連結する個人 p_8 と p_9 は,集合 M_1 と M_3 の「交わり(共通部分)」となっていることがわかる[6]。

このように,個人を主体としてみれば,集団は個人と個人のあいだを結ぶコネクターである。しかし集団を主体としてみれば,個人は集団と集団を結ぶコネクターとなっている。もちろん,どちらの見方が正しいのか,というような問題ではなく,どちらの見方も同等の権利で成り立ちうるのである。これを個人と集団の「双対性」という。

所属行列の変換　　まえにみたように, k 段階の関係は,頂点行列の k 乗をとればその個数がわかった。しかし,所属行列から導出された行列 P と G の場合は,どうなるのだろうか。

頂点行列と比較すると,行列 P と G の特徴として,その対角要素が必ずしも0ではないことと,非対角要素に1より大きな値をとるものがあるということがあげられる。そこでクロネッカーの δ 記号を導入して, P と G の対角要素をすべて0とする。またブール関数 B を適用することによって,非対角要素を0か1のどちらかに変換する。つまり

$$B(\delta_{ij}P)=\underline{P} \tag{6.5}$$

$$B(\delta_{ij}G)=\underline{G}$$

$$\text{ただし}\quad \delta_{ij}=\begin{cases} 0 & \cdots\cdots i=j \text{ のとき} \\ 1 & \cdots\cdots i\neq j \text{ のとき} \end{cases}$$

---

[6] これを, $M_1\cap M_3=\{p_8, p_9\}$ と書くことができる。

$$B(x) = \begin{cases} 1 & \cdots\cdots x > 0 \\ 0 & \cdots\cdots x = 0 \end{cases}$$

とする。

この行列 $\underline{P}$ と $\underline{G}$ をグラフによって表現するとつぎのようになる。

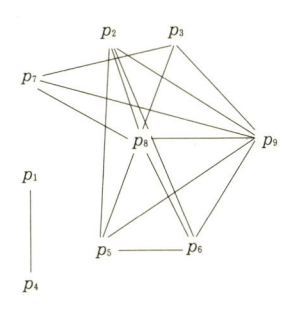

図 6.6　$\underline{P}$ のグラフによる表現

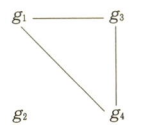

図 6.7　$\underline{G}$ のグラフによる表現

無向グラフにおける k 段階の関係　　図 6.6 と図 6.7 は, 有向グラフではなく無向グラフである。しかしこのような無向グラフにおいても, 有向グラフの場合と同様に, 隣接行列 $\underline{P}$ と $\underline{G}$ の k 乗をとることにより, k 段階の関係について考えることができる。たとえば $\underline{P}$ の 2 乗と 3 乗をとり, p_3 から p_2 への各段階の個数を数えてみる。すると $p_{32}^{(1)}=0$, $p_{32}^{(2)}=2$, $p_{32}^{(3)}=8$ となるので, 1 段階の関係は 0 個, 2 段階の関係は 2 個, 3 段階の関係は 8 個だけあることがわかる[7]。

---

[7] 無向グラフで表現される関係は, 対称的である（104 頁参照）。したがって p_3 から p_2 への関係についていえることは, p_2 から p_3 への関係についても同様にいうことができる。つまり $p_{23}^{(1)}=0$, $p_{23}^{(2)}=2$, $p_{23}^{(3)}=8$ であるし, 2 段階の関係と 3 段階の関係のルートを知るには, p_3 から p_2 のルートを逆にたどってゆけばよいのである。

2 段階の関係：$p_3-p_8-p_2$, $p_3-p_9-p_2$
3 段階の関係：$p_3-p_7-p_8-p_2$, $p_3-p_7-p_9-p_2$, $p_3-p_8-p_5-p_2$,
$p_3-p_8-p_6-p_2$, $p_3-p_8-p_9-p_2$, $p_3-p_9-p_5-p_2$,
$p_3-p_9-p_6-p_2$, $p_3-p_9-p_8-p_2$

　ここで 2 段階の関係 $p_3-p_9-p_2$ が，どのような集団をコネクターにして成立しているかについてみてみる。すると個人 p_3 と p_9 とは，集団 g_3 によって媒介され，また個人 p_9 と p_2 は，集団 g_1 によって媒介されていることがわかる。この個人と集団の関係は，図 6.3 の関係でもなく，また図 6.4 の関係でもないことが容易に理解されよう。関心ある読者は，図 6.5 をみながら，図 6.3 と図 6.4 のような個人と集団の関係を抽出してみることをお勧めしたい。

文献案内
池田　央　1980　『調査と測定』　新曜社
　やや古い本であるが，図書館で探すなりして，読んでほしい。4 章「社会関係の測定－グラフ理論－」が，本章の内容と重なるところが多い。説明は簡潔でわかりやすいが，線形数学の初歩的知識が要求されるところもある。

Wasserman, S. and K. Faust 1994 *Social Network Analysis*. Cambridge University Press.
　800 頁を越す大部の書物で，辞典代わりに手元に置いておくと便利である。「個人と集団の双対性」についても，この本の第 8 章で詳しく論じられている。

7章 デキゴトバナシ比較分析

三隅　一人

　社会現象の多くは，人びとがおこなう諸行為の連鎖としてとらえられる。行為の連鎖をデータとして収集するために，社会学ではインタビュー調査がよくもちいられる。過去や現在進行している行為のやりとりについて正確な情報をえるためには，定型的な質問紙をもちいた量的な社会調査よりは，少数事例にしぼったインタビュー調査が適しているからである。インタビュー調査をとおしてえられるデータは，直接的には日常言語による記述である。このタイプのデータは「質的データ」または「非定型データ」とよばれており，そのままでは汎用的な統計分析にかけることはできない。記述をもとに，ある単語や特定タイプの行為の出現頻度をカウントするような形で内容分析をおこなうことはできる（Krippendorff 1980 = 訳 1989）。しかしこの分析法は，行為の連鎖を全体的にとらえるという目的においては必ずしも適合的ではない。事例記述的な質的データの比較分析から一般的なメカニズムを引きだすために，有効な分析法はないものだろうか。この章ではそのような方法の1つとして，デキゴトバナシ比較分析法を紹介する。

1. デキゴトバナシとその表記法

デキゴトバナシとは　　デキゴトバナシ比較分析法はP．エーベルによって提唱された（Abell 1987）。エーベルに忠実に「ナレイティブ比較分析法」とよんでもよいが，ここでは「デキゴトバナシ」と意訳した。ここでいうナレイ

ティブは，研究者によって観察・記述された「組織や制度における行為を単位とする出来事の時間的連鎖」（高坂 1992，104 頁）まで含んでおり，「物語」を連想させる「ナレイティブ」ではやや語感が適さないからである。

　一般的には，ある出来事の生起を外部から観察可能な（ウェーバー流にいえば「理解」可能な）行為の連鎖として，時間的に切れめなく記述できるならば，それはデキゴトバナシとして扱える。たとえば個人が自分の行為や感情をつづったライフヒストリー的なテキストであっても，ある態度決定に至る自分の中の内面的な問答のやりとりとして，この分析法の射程内に入るかもしれない。逆に複数の人びとの行為のやりとりであっても，時間的な流れや行為間のつながりが断続的だったり不明確である記録に対しては，この分析法の適用は困難である。また，観察可能な行為の流れのあいだには内面的な思考や感情が介在しているが，少なくとも言葉や身振りによって表出されないかぎり，それらを分析に取り込むことはできない。

　デキゴトバナシにおいては行為間の時間的順序は重要である。いま 3 つの行為を a，b，c とし，a が b より先に生起したことを a⇒b，a と b が同時に生起したことを a〜b のように表記するならば，次の 3 条件が満たされなければならない。

　　(1)　a⇒b かつ b⇒c ならば，a⇒c
　　(2)　a〜b かつ b〜c ならば，a〜c
　　(3)　a⇒b ならば，b⇒a ではない

この 3 条件を満たす順序関係は弱順序とよばれる。弱順序では上記(2)のように同時生起の推移性も許容される。一方で行為間の関係は厳密に因果的でなくともよい。ある行為 b の生起には，直接には観察できない内面的な要因を含めていくつかの原因がある。観察された先行行為 a は確かにそれらの原因の 1 つかもしれないが，それが b の生起にとって不可欠な原因であることを確認することは容易でない。たとえば恋人と口論してやけ酒を飲み，テレビの深夜番組をみて夜更かしをしたあげくに目覚まし時計をかけ忘れた大学生が，翌日の試験に遅刻した原因は，そう簡単に確定できない。一連の行為のどれが欠けても，その学生は翌日の試験に遅刻する可能性がある。そこで行為間の関係としては，ある行為が別の行為を「導く」前提条件になっていることで十分だと考えるの

である。もちろんこの「導く」関係は時間的順序を逆にたどることはできない。

　ここで章末付録Aの会話記録を例にとってみよう（「なされた行為」の部分を見よ）。これはある3人家族の争論を記録したもので，システム家族療法のテキスト（東 1993, 19-20頁）から引用した。

> **問1**　この会話記録はデキゴトバナシとして分析できるだろうか。

　これは複数の行為者のあいだでとりかわされた発話行為を，時間的順序にそって切れめなく，また行為間の「導く」関係を確定できる形で記述したものなので，デキゴトバナシとして分析できる。現に付録Aは，もとの記述をデキゴトバナシ表として作成しなおしたものである。

デキゴトバナシ表と有向グラフ　　デキゴトバナシ表の作成は，分析の第一ステップとして不可欠である。それは付録Aの表のように，縦軸に時間をとり，横軸に行為の引き金となった行為条件，実際になされた行為，行為結果をそれぞれ配列して，記述をもとに該当個所を埋めていくことで作成される。

　行為は $^A a_i$ のように表記し，左の上付添字が行為者を，右の下付添字が行為の通し番号を，それぞれ表す。複数の行為者がかかわった行為は $^{AB} a_i$ のように表記する。時間は分や時間や日の単位で機械的に区切ってもよいが，この例ではむしろ場面の変化が明らかになるように区分けしている。もちろん同時に生起した諸行為は同じ時間区切りの中にまとめるべきである。行為条件は，当該行為を導いた先行行為や外的条件を記す。条件となる先行行為が複数あると考えられる場合には，そのすべてを列記する。たいていの場合は直前の行為の1つないしいくつかが条件になるが，ずっと前の行為が後の行為の生起条件になることもあるし，それまでの行為系列のどれにも条件づけられることなく異なる文脈で新たに行為が生起することもある。行為結果は，当該行為の企図に照らして，当該行為が向けられた対象にどのような状態変化が生じたかを記述する。

　この分析法の中に，記述それ自体の精度や妥当性を増す工夫があるわけではないことに注意しよう。それはあくまで調査段階の問題である。そしてどこま

で詳細に行為を拾いあげるかは，観察可能性とともに，研究目的に依存する。たとえばあるフォーマルな談合の記録を作成するときに，裏舞台でのネゴシエーションまで調査して記述に加えるかは，その談合をどういう目的ないし視点で分析するかによるだろう。ただし一般的にいえば，デキゴトバナシの形で整理することによって，記述の中で欠落している情報を明確化できるメリットはある。

　さて，デキゴトバナシ比較分析法のおもしろさの1つは，このようなデキゴトバナシ表を有向グラフの形でビジュアルに表現するところにある[1]。それは行為を点とし，それらを方向をもつ線（矢）で結んだ行為の連鎖図である。図7.1は付録Aを有向グラフに表現したものだ。ここでは横軸に時間をとり，縦軸に行為者を配列している。行為者の配列順序にとくに決まりはないが，複数の事例間で比較分析をおこなうときには配列順序をできるだけ統一しておくことが望まれる。どの点同士を結ぶか，そして矢の方向（すなわち「導く」関係）がどちら向きになるかは，デキゴトバナシ表の行為条件とされた行為から判断する。

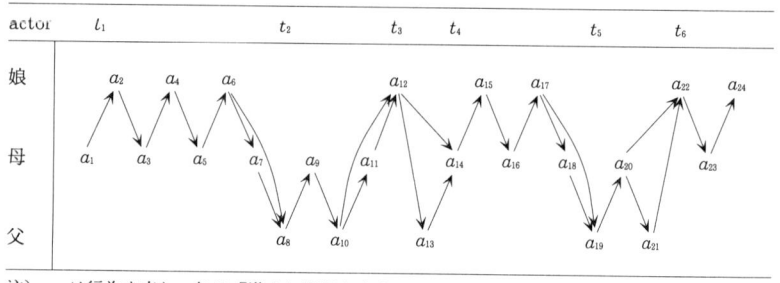

注）a_i は行為を表し，矢は「導く」関係を表す。

図7.1　家族争論のデキゴトバナシに対するオリジナルな有向グラフ

---

(1) 有向グラフについては本書の第5章と第6章を参照のこと。

2. デキゴトバナシの縮約

デキゴトバナシを縮約する　分析の次のステップは縮約ルールによって恣意性を排除しながら，デキゴトバナシ表および有向グラフを縮約（抽象化）することである。それは形式的にいえば，もとの行為間の連結構造をできるだけ保持しながら，いくつかの行為をひとまとめにすることで，より単純な有向グラフをえることだ。また意味論的には，いくつかのより具体的な行為を，より抽象的な意味のもとにひとまとまりにすることだ。この手続きによってデキゴトバナシに潜むより抽象的で定型的なパターンや構造を引きだし，比較分析をとおしたメカニズムの析出を進めていくのである。

ただし恣意性を排除するとはいっても，それは縮約の仕方（レベル）を数学的に一意に決めるようなものではない。むしろ普通は同一のデキゴトバナシに対してさまざまなレベルの縮約が可能である。縮約ルールのもとで縮約をどこまで進めるか，あるいはどこで止めるかの判断は，一方では分析目的に応じた縮約結果の有意味さに依存している。この点の恣意性はいなめないが，逆にそれは分析の醍醐味ともいえる。

縮約は数学的には，上記のような有向グラフから同値類をつくる（そのための写像規則を求める）ことになる。エーベルはいくつかの行為をひとまとめにするための二項演算を定義し，その演算にもとづいて同値類をつくるための数学的手続きを導入している（Abell 1987, pp.65-69）。この手続きを理解するには亜群の知識が必要だが，ここでは縮約ルールの実践的な適用とその意味を理解することが肝要だと思われるので，数学的な議論は省略する[2]。

---

[2] 要点のみ触れておくと，定義された二項演算が縮約前と縮約後のそれぞれの行為の集合の上で定義する重亜群に着目して，それら2つの重亜群の間の写像が準同型になるための条件式を，具体的な縮約ルールとする。後述する単一行為者モードでは，二項演算を∗，準同型写像をφで表すと，$\phi(a_i \ast a_j) \subseteq \phi(a_i) \ast \phi(a_j)$ が条件式になる。相互行為モードでは二項演算を・，準同型写像をεで表すと，条件式は $\varepsilon(a_i \cdot a_j) = \varepsilon(a_i) \cdot \varepsilon(a_j)$ である。詳細はエーベル（Abell 1987, 6章）または高坂（1992）を確認のこと。なお亜群についてはファラロ（Fararo 1973 = 訳 1980, 5章）に丁寧な解説がある。上記のような縮約ルールの着想についてはエベリットとニーミネン（Everett and Nieminen 1980）もあわせて参照いただきたい。

エーベルは縮約に単一行為者モードと相互行為モードの 2 つを提唱している。以下，それぞれについて付録 A のデキゴトバナシに対する分析例を提示しながら解説する。

単一行為者モードの縮約　　単一行為者モードの縮約では，以下の縮約ルールを用いる。

(a) 同一行為者 X による 2 つの行為 ^Xa_i と ^Xa_j の間に 1 本以上のパスがあるとき（つまり矢をたどって相互に到達できる道筋が 1 本以上あるとき），^Xa_i と ^Xa_j および両者を結ぶパス上で行為者 X がおこなったすべての行為を，ひとまとまりにすることができる。

(b) ^Xa_i と ^Xa_j をひとまとまりにし，なおかつ ^Xa_j と ^Xa_k をひとまとまりにしてよい。つまり縮約された異なる行為に，もとの行為が重複して含まれてもよい。ただし縮約された異なる行為の間に包含関係が成立してはならない（上の例でいえば，^Xa_i と ^Xa_j をひとまとめにし，なおかつ ^Xa_i と ^Xa_k をひとまとめにすることはできない。なぜなら前者 $C_i = \{a_i, ..., a_j\}$ が後者 $C_j = \{a_i, ..., a_j, ..., a_k\}$ に包含されるからである）。

(c) 異なる行為者 X と Y の縮約された行為をそれぞれ，$^XC_i = \{^Xa_k, ..., ^Xa_m\}$，$^YC_j = \{^Ya_l, ..., ^Ya_n\}$ とする（要素は時間順序で並べられているとする）。このとき $i < j$ ならば $k < l$ かつ $m < n$，あるいは，$i > j$ ならば $k > l$ かつ $m > n$ でなければならない[3]。

(d) 行為者が異なる 2 つの行為 ^Xa_i と ^Ya_j は，パスの有無に関わらずひとまとめにすることはできない。

(e) 以上と同じ縮約ルールを，このルールによって縮約したグラフにも適用する。

---

[3] このルール(c)についてはエーベルは明確に議論していないので，筆者が独自に加えた。相互的に「導く」関係を認めるルール化もありうるが，いずれにしても有向グラフの形状がかなり異なってくるので，統一的なルールが必要である。

> **問2** 付録Aの $^Ma_1$ から $^Ma_7$ の一連の行為について，単一行為者モードによる縮約を試みてみよ。

この部分は母と娘の対立的なやりとりで，$^Ma_1 \to {}^Da_2 \to {}^Ma_3 \to {}^Da_4 \to {}^Ma_5 \to {}^Da_6 \to {}^Ma_7$ という単純な連鎖を構成している。すぐに気づかれるように，形式的には母と子のそれぞれについて数多くの縮約の仕方がある。そのうち筆者が妥当だと考える縮約は次のものだ。

$$^MC_1 \to {}^DC_2 \to {}^MC_3 \qquad \text{ただし，} {}^MC_1 = \{{}^Ma_1\}$$
$$^DC_2 = \{{}^Da_2, {}^Da_4, {}^Da_6\}$$
$$^MC_3 = \{{}^Ma_3, {}^Ma_5, {}^Ma_7\}$$

> **問3** なぜ筆者が上記の縮約を妥当と考えるかを，考察してみよ。

母親の行為も娘の行為もすべてパスで連結されている。しかし両者それぞれについてすべての行為をひとまとまりにすると，つまり $^MC = \{{}^Ma_1, {}^Ma_3, {}^Ma_5, {}^Ma_7\}$，$^DC = \{{}^Da_2, {}^Da_4, {}^Da_6\}$ とすると，縮約ルール(c)に抵触する。縮約ルール(c)は「導く」関係を保持するための制約で，先の例では ^MC と ^DC の間に相互に「導く」関係が生じてしまう。そこで母親については $^Ma_1$ か $^Ma_7$ のどちらかを別の行為に縮約する必要がある。ここで $^Ma_1$ を単独で縮約したのは，それが娘の不登校を叱責するものであり，娘の親に対する態度を叱責するものとしてひとまとまりにできる他の3つの行為（$^Ma_3, {}^Ma_5, {}^Ma_7$）と，意味がやや異なるからである。娘の3つの行為はいずれも母親に対する反抗として，ひとまとまりにできる。このように縮約ルールの遵守とともに行為の内容に踏み込んだ判断から，上記の縮約を妥当なものとした。

縮約の含意と実際例　　より一般的に，縮約ルールの実質的な含意を考えておくことは有用だろう。同じ行為者がおこなった2つの行為をひとまとめにするということは，両者を意味的に同種の行為として同一視することだ。そして

2つの行為を同一視できるならば，その2つの行為を媒介する同じ行為者のすべての行為も同種のものとして同一視できなければならない。縮約ルールは形式的な制約の背後に，このような実質的な判断を要請している。しかし縮約ルールそれ自体は，そのルールのもとで可能な複数の縮約のうちどれを採用すべきかについて，明確な基準を提示していない。そこでは意味的な同一視ができるかどうかという，行為の意味内容に踏み込んだ判断が必要になる。逆にいえば縮約ルールによってひとまとまりにした諸行為に対して，それらがいかなる意味で同一視できるかの意味づけがうまくできないときには，縮約に慎重になるべきである。この点は次にみる相互行為モードでも同様だ。

さて，表7.1は付録Aのデキゴトバナシの全体を単一行為者モードで縮約した一例である。また表7.1にもとづいて作成した有向グラフが図7.2である。行為の数は縮約によって24個から16個に減少し，グラフの構造は図7.1にくらべて視覚的により明瞭になった。このようにテキストのもつ情報をビジュア

表7.1 単一行為者モードによる縮約デキゴトバナシ

縮約行為	構成要素	抽象化された意味
$^M C_1$	$^M a_1$	母親は娘の不登校を叱責する
$^D C_2$	$^D a_2$, $^D a_4$, $^D a_6$	娘は母親に反抗し母親をののしる
$^M C_3$	$^M a_3$, $^M a_5$, $^M a_7$	母親は娘の反抗的態度を叱責する
$^F C_4$	$^F a_8$, $^F a_{10}$	父親は母親をなだめる
$^M C_5$	$^M a_9$, $^M a_{11}$	母親は父親の甘い態度を叱責する
$^D C_6$	$^D a_{12}$	娘は父親を馬鹿にして批判する
$^F C_7$	$^F a_{13}$	父親は娘をなだめる
$^M C_8$	$^M a_{14}$	母親は娘の態度を叱責する
$^D C_9$	$^D a_{15}$, $^D a_{17}$	娘は母親に反抗して母親をののしる
$^M C_{10}$	$^M a_{16}$, $^M a_{18}$	母親は娘の態度を叱責する
$^F C_{11}$	$^F a_{19}$	父親は母親をなだめる
$^M C_{12}$	$^M a_{20}$	母親は父親の態度を叱責する
$^F C_{13}$	$^F a_{21}$	父親は母親の態度を批判する
$^D C_{14}$	$^D a_{22}$	娘は母親の注意を引きつける
$^M C_{15}$	$^M a_{23}$	母親は娘の態度を叱責する
$^D C_{16}$	$^D a_{24}$	娘は母親に反抗する

ルな形で整理できることは，デキゴトバナシ比較分析法の大きな魅力である。グラフの単純化は意味的連鎖の抽象化でもある。意味的な抽象化の側面はグラフだけでは十分につかめないので，表7.1のような縮約されたデキゴトバナシ表を必ず作成し，グラフとともに併用することが重要である。

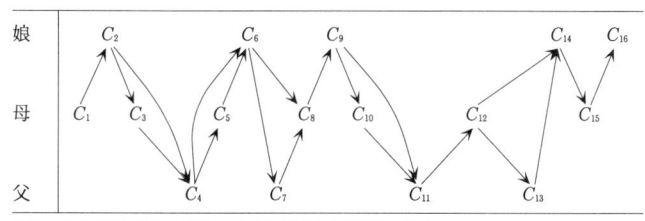

注) C_i は縮約行為を表し，矢は「導く」関係を表す。
図7.2　単一行為者モードによる縮約有向グラフ

　単一行為者モードの縮約は，行為連鎖のある時点で焦点となる行為者が誰で，それがどのように移りかわっているかを明示する。たとえば表7.1と図7.2から次のことを確認できる。母親と娘が焦点となる対立的局面に父親が介入し，父親と母親が焦点となる対立的局面に移る。そこに娘が介入して父親と娘が焦点となる対立的局面に移り，今度は母親が介入して母親と娘が焦点となる対立的局面に戻る。そしてこれとほぼ同じ焦点の推移がもう一度繰り返される。オリジナルな会話記録からこのような推移をつかむことは難しくないであろう。しかし単一行為者モードによる縮約によって，冗長な情報は捨象され，見え隠れしていたある種の構造をより明瞭な形で提示することができた。それだけのことか，と思われるかもしれない。しかしもっと複雑で大量な会話記録や事例記述を前にしたとき，読者はおそらくそのことの重要性を再認識するであろう。

相互行為モードの縮約　　相互行為モードの縮約では，以下の縮約ルールをもちいる。

(a) 誰の行為かに関係なく，互いにパスで連結されている2つの行為 a_i と a_j を結ぶパス上のすべての任意の行為者の行為を，ひとまとまりにできる。

(b) a_i と a_j をひとまとまりにし，なおかつ a_j と a_k をひとまとまりにしてよい。ただし縮約された異なる行為の間に包含関係が成立してはならない（単一行為者モードと同様）。

(c) 以上と同じ縮約ルールを，このルールによって縮約したグラフにも適用する。

　相互行為モードの縮約ルールは以上のようにずっと簡略になる。順次連結する諸行為が交互に別々の行為に縮約されることはないので，単一行為者モードの(c)に対応するルールは必要ない。誰の行為かを問わないので，単一行為者モードの(d)に対応するルールも不要である。このルールのより実質的な要請は，任意の2人の行為者がおこなった2つの行為が意味的に同種のものとして同一視できるならば，その2つの行為を媒介するすべての任意の行為者の行為も同種のものとして同一視できるべきだ，ということである。相互行為モードでは，パスで連結されているかぎりすべての諸行為をただ1つの行為に縮約できる。したがって縮約をどこでとめるかについては，分析目的に照らして行為の意味内容に踏み込んだ判断をおこなうことが，より重要になる。

> **問4** 付録Aのデキゴトバナシ全体を，相互行為モードで縮約してみよ。

　表7.2は付録Aのデキゴトバナシを相互行為モードで縮約した一例である。またそれに対応する有向グラフを図7.3に掲示した。他にも数多くの縮約の仕方があるが，ここでは誰と誰の対立状況であるかに注意し，親子3人の間の対立関係の転換点が明らかになるように縮約した。一般に，単一行為者モードが焦点となる行為者の推移を明示化するのに対して，相互行為モードは焦点となる局面の推移を明示化する。つまり，意味的に同種の相互行為をひとまとまりにすることで全体をいくつかの局面に分割し，その全体的な推移構造を引きだすのである。東（1993：1章）は付録Aの会話記録を，原因が結果になり結果が原因になるという円環的関係を含む事例として紹介した。システムズ・アプローチによる家族療法においては，「問題」を抱える家族にしばしばみられるこうした円環的関係をなんらかのやり方で断ち切ることが，1つの重要なポイ

ントになるというのである。表7.2や図7.3をみると，そのような円環的関係が端的に示されている。すなわち二者間の緊張関係が他の1人の介入によって緩和され，また別の二者間の緊張関係に移る，という状況推移の反復的メカニズムが展開していることが明瞭になる。

　これは東の視点に沿った縮約と結果の解釈であるが，そうした先見をもたずに幾通りかの縮約を試みるなかで，局面推移のメカニズムに関して思わぬ発見をえることもあるだろう。読者は先の問題で自分がおこなった縮約結果の意味をもう一度吟味してほしい。

表7.2　相互行為モードによる縮約デキゴトバナシ

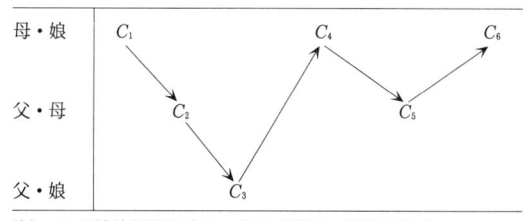

縮約行為	構成要素	抽象化された意味
$^{MD}C_1$	$^{M}a_1, {}^{D}a_2, {}^{M}a_3, {}^{D}a_4, {}^{M}a_5, {}^{D}a_6, {}^{M}a_7$	娘の態度で母親と娘が対立する
$^{FM}C_2$	$^{F}a_8, {}^{M}a_9, {}^{F}a_{10}, {}^{M}a_{11}$	父親が調停に入り母親と対立する
$^{FD}C_3$	$^{D}a_{12}, {}^{F}a_{13}$	娘が横やりを入れ父親と対立する
$^{MD}C_4$	$^{M}a_{14}, {}^{D}a_{15}, {}^{M}a_{16}, {}^{D}a_{17}, {}^{M}a_{18}$	娘の態度で母親と娘が対立する
$^{FM}C_5$	$^{F}a_{19}, {}^{M}a_{20}, {}^{F}a_{21}$	父親が母親と対立する
$^{MD}C_6$	$^{D}a_{22}, {}^{M}a_{23}, {}^{D}a_{24}$	娘が横やりを入れ母親と対立する

注）C_iは縮約行為を表し，矢は「導く」関係を表す。

図7.3　相互行為モードによる縮約有向グラフ

3．おわりに

　以上のように行為の連鎖を有向グラフで表し，一定の基準でそれを縮約（抽象化）して相互に比較しやすいグラフを作ることが，デキゴトバナシ比較分析の骨格になる。あらためてそのメリットを整理しておこう。第1に，行為連鎖

をあくまで全体として分析でき，資料やテキストの情報を最大限活用できる。第2に，形式的に厳格な縮約ルールと意味論的な判断を組み合わせることで，適度に分析の柔軟性が確保される（恣意性のデメリットもあるが筆者はむしろメリットとして強調したい）。第3に，グラフ化と縮約によって個々の事例の固有性をいったん捨象することで，形式的側面に比較観点がしぼられ，一般的なパターンやメカニズムを析出しやすい。それはまた一見して性質の異なる事例間の比較も容易にし，理論発見の可能性を高める。最後に，この手法を前提にすることで調査設計の共通枠（ある結果に連なる継続的相互行為を記録すること）を確保しやすくなり，データおよび分析の蓄積性が増す。

　逆に注意しなければならないのは，つぎのことである。第1に，この手法はもとになる資料の妥当性を保証しない。その妥当性は別のところで判断されなければならない。第2に，縮約（抽象化）は必ずしも機械的な作業ではない。つまりこの手法を適用すれば自動的に，比較のために最適に抽象化された有向グラフがえられるわけではない。一般的には分析目的に応じた意味的解釈性および比較可能性に注意しながら，徐々に抽象度を上げていくやり方が推奨される。第3に，社会学的にみて重要な点として，人びとの間の権力関係，地位関係，社会ネットワーク上の関係などの視点を直接的に取り込みにくい。おそらくそうした社会関係の布置は別に分析しておいて，それとデキゴトバナシ比較分析を組み合わせるような形が適当であろう。たとえば社会関係の布置に応じて行為者分類をおこなったうえでデキゴトバナシ比較分析を実施することが考えられる。

　この手法の適用範囲としては，時間の弱順序性を保持しつつ切れ目なく行為連鎖を記述できるものであれば，とくに題材的な制約はない。提唱者であるエーベル（Abell 1987；1993）は労使交渉プロセスを比較分析しながら，コアリション形成過程の特徴について議論している。高坂はエーベルの分析をベールズの相互行為過程分析と結合させる形でよりフォーマルに発展させたほか（Kosaka 1993），神話や昔話の比較分析への応用可能性を示唆している（高坂 1992）。筆者はごみ処理場建設をめぐる地域紛争事例の比較分析や，ダム建設をめぐる地域紛争事例の解釈的分析に応用をこころみた（三隅 1998a）。本章の分析はより一般的に会話分析への適用可能性を示唆しているだろう。

本来ならばいくつかの事例についての比較分析を提示したかったところであるが，紙面の都合でかなわなかった。東（1993）に豊富な事例があるので，読者はぜひその中から適当な事例をとりあげて，本章の事例との比較分析をこころみてほしい。またデキゴトバナシ比較分析法が適用可能な他の題材についても頭をめぐらせてほしい。

文献案内

Abell, P. 1987, *The Syntax of Social Life*, Oxford University Press.
 英文だがやはり基本文献として欠かせない。デキゴトバナシ比較分析法の直接的な解説は5章以降。前半は意味的理解を重視しながら行為の生起を説明する方法を導入的に議論しており，社会学におけるこの手法の位置づけを知ることができる。

高坂健次　1992　「COMPARATIVE NARRATIVES－P. エーベルの理論と方法」
 原純輔（編）『非定型データの処理・分析法に関する基礎的研究』　文部省科研費研究成果報告書．
 やや入手しにくいが，縮約の数学的基礎を含めた日本語の解説として貴重である。本全体としても質的データの分析をさまざまな角度から検討していて参考になる。

Journal of Mathematical Sociology, 1993. 18 (2-3).
 デキゴトバナシ比較分析法を特集した英文雑誌。9本の論文とエーベルのリプライが収録されている。本格的に勉強したい読者はぜひ参照されたい。

付録A．家族争論の事例

時間	行為条件	なされた行為	行為の結果
t_1	娘の不登校	$^{M}a_1$：母「あなたはいったいいつまでこのままでいるつもりなの。中学校にも行かなければ高校だっていけないし，就職や結婚もできたもんじゃないわ。」	娘は母の攻撃を知る
	$^{M}a_1$	$^{D}a_2$：子「放っておいてよ。いつもうるさいんだから。」	母は娘の反抗を知る
	$^{D}a_2$	$^{M}a_3$：母「なんですか，親にむかってその態度は。いいかげんにしなさい。」	
	$^{M}a_3$	$^{D}a_4$：子「私あなたのことを親とは思ってないわ。」	
	^{D}a	$^{M}a_5$：母「なんですって，もう一度いってごらん。」	

	$^Ma_5$	$^Da_6$：子「何度でもいうわ。鬼，ブタ，ウスノロ！」		
t_2	$^Da_6$	$^Ma_7$：母「だまりなさい。なんでこんな子になったの，あなたは。」		
	$^Da_6, ^Ma_7$	$^Fa_8$：父「まあまあ二人ともよしなさい。もっと落ち着いて話し合おうじゃないか。」	母は父の優柔な態度を知る	
	$^Fa_8$	$^Ma_9$：母「あなたはいつもそんなことばかり言って本当に甘いんだから。もっと父親らしくしゃんとしてよ。」	父は母の攻撃を知る	
	$^Ma_9$	$^Fa_{10}$：父「私はおまえのようにしつこく言いたくないんだよ。」	母は父の攻撃を知る	
t_3	$^Fa_{10}$	$^Ma_{11}$：母「私のどこがしつこいというの。子供のためにこれくらい当たり前よ。あなたももっとこの子を叱ってよ。情けない。」		
	$^Fa_{10}, ^Ma_{11}$	$^Da_{12}$：子「この人（父）が怒っても少しも恐くないよ。こんな人，ただの月給運搬人よ。」	父は娘の嘲りを知る	
t_4	$^Da_{12}$	$^Fa_{13}$：父「そんなことはないよ。お父さんはね，お前たちのために一生懸命働いて…。」		
	$^Da_{12}, ^Fa_{13}$	$^Ma_{14}$：母「（娘に）ちゃんと座りなさい。なによその態度は。」	娘は母の攻撃を知る	
	$^Ma_{14}$	$^Da_{15}$：子「うるさいねえ，イチイチ。クソババア，死んでしまえ。」	母は娘の反抗を知る	
t_5	$^Da_{15}$	$^Ma_{16}$：母「親が死んだらだれに世話してもらうの。一人前のことなにもできないくせに！」		
	$^Ma_{16}$	$^Da_{17}$：子「あんたが死んだらできるようになるわよ。」		
	$^Da_{17}$	$^Ma_{18}$：母「だまりなさい！」		
t_6	$^Da_{17}, ^Ma_{18}$	$^Fa_{19}$：父「少しおまえ（母）も落ち着きなさい。」	母は父の優柔な態度を知る	
	$^Fa_{19}$	$^Ma_{20}$：母「あなたよく落ち着いていられるわね，まったく。」	父は母の攻撃を知る	
	$^Ma_{20}$	$^Fa_{21}$：父「いいかげんにしなさい！」	母は父の攻撃を知る	
	$^Ma_{20}, ^Fa_{21}$	$^Da_{22}$：子「私，もう帰るわよ。」		
	$^Da_{22}$	$^Ma_{23}$：母「待ちなさい。勝手なことばかりして，この子は。」	娘は母の攻撃を知る	
	$^Ma_{23}$	$^Da_{24}$：子「勝手なことばかりして悪かったわね。」	母は娘の反抗を知る	

8章
ブール代数アプローチ

三隅　一人

　社会現象の因果的説明は，社会学に限らず多くの社会科学にとって，主要目標の1つである。けれども少数事例の複雑なメカニズムやコンテクストを生かそうとする研究志向と，主要変数にしぼって事例を量的に集め一般的な因果規則を引きだそうとする研究志向とは，これまで必ずしもうまくかみ合ってこなかった。本章では，メカニズムの解明を志向しつつ，この両者の溝を橋渡しする可能性をもつ方法として，ブール代数アプローチを紹介する。この方法は比較的最近，事例や歴史の質的比較分析の方法としてC.C.レイガンによって社会学に導入された（Ragin 1987 = 訳 1993）。しかしこの方法は計量的分析への応用も含めたさまざまな可能性をもっていると思われる。本章ではその一端を示すために，レイガンとは異なる文脈で開発された（しかしレイガンの方法と親和的な）A. デジェンヌとM-O. ルボーのクロス集計表の分析法（Degenne and Lebeaux 1996）についても言及する。

1. ブール変数と真理表

ブール変数による表現　　ある研究者が軍事体制の崩壊に対する因果的説明に関心をもち，その原因変数として次の3つに着眼したとしよう[1]。

---

(1) レイガン（Ragin 1987 = 訳 1993, 129-130頁）から引用した仮想例である。

133

```
┌──── 原因変数 ────┐         ┌── 結果変数 ──┐
│ A：年長の将校と年少の将校との対立 │         │              │
│ B：強権をもつ独裁者の死           │  ──→   │ F：体制崩壊  │
│ C：体制に対する CIA の不満        │         │              │
└──────────────────┘         └──────────────┘
```

　これらの原因変数がどういう形で結果変数を規定するかのメカニズムはまだわからない。すなわち，原因変数のどれか1つでも生起すれば体制崩壊が起こるのか，3つ全部がそろわないと起こらないのか，あるいはまた，1つだけより2つそろった方が起こりやすいのか，といったことはまだわからない。そこでその研究者はデータからそれを確認することにし，22の事例を調査した。そしてつぎのようなやり方で調査結果を整理した。

　彼はまず原因変数と結果変数のそれぞれに関する測定結果を，実際にそういうことがあったかいなかに応じて，0と1の2つの値で表した。つまり「あった」場合に1を割りあて，「なかった」場合に0を割りあてた。一般に変数は名義尺度とそうでないものに分けられ，名義尺度ではカテゴリー間の順序や間隔に本来的な意味がない。先の場合も，0と1の間隔に意味はないし，「あった」を0にし「なかった」を1にしたとしてもなんら問題はない。したがって彼は測定結果をすべて名義尺度で表現したことになる。名義尺度のうち，このように0と1の2値をとる変数を，ブール変数という[2]。

　実際には彼が想定した変数のいくつかは，3つ以上の値をとる名義尺度や，順序や間隔が意味をもつ連続変数として処理できたかもしれない。しかし彼は，前者についてはいくつかのカテゴリーを合併し，後者については適当な区切り値を設けることで，あえてそれらを上記のような二分的なブール変数に変換した。それによって，もとの測定結果がもっていた情報のいくらかは失われるが，彼がそうするにはもちろん理由があった。

真理表の作成　　その理由の1つは，体制崩壊の原因としてどれが不可欠に効いているかを吟味するための真理表をつくることであった（表8.1）。真理

---

[2] 論理変数またはスイッチング変数ともいう。

表は次のように作成する。「原因条件」の欄には，独立変数の値（0か1）の論理的な組み合わせを，網羅的に配列する。行つまり横のひと並びが1つの組み合わせを表す。ここでは独立変数は3つなので，$2^3=8$とおりの可能な組み合わせがあり（独立変数がm個のとき組み合わせの数は2^m），したがって行数は8となる。「結果」の欄には，各行の原因変数の組み合わせが該当する事例において，結果変数の値がどうなっているかを記す。もちろん結果変数も0か1である。最後に「事例数」の欄には，各行の原因変数の組み合わせが該当する事例の総数を記す。

表8.1 体制崩壊の原因条件を示す真理表（仮想例）

原因条件			結果	事例数
A	B	C	F	
0	0	0	0	9
1	0	0	1	2
0	1	0	1	3
0	0	1	1	1
1	1	0	1	2
1	0	1	1	1
0	1	1	1	1
1	1	1	1	3

A＝年長の将校と年少の将校との対立，B＝強権をもつ独裁者の死，C＝体制に対するCIAの不満，F＝体制崩壊．
出典：Ragin 1987＝訳1993, 130頁．

この例では問題ないのだが，一般的には，それぞれの行に矛盾した事例が含まれることがある。つまり同じ原因条件をもつ事例がいくつかあって，しかもその中に結果変数Fの値が0のものと1のものとが混在する場合である。この場合は真理表でFを0とするか1とするかを簡単に決められない。レイガンが推奨する対処法は，設定した原因変数が妥当かどうかを含めて事例を再検討せよ，というものである（Ragin 1987＝訳1993, 161-168頁）。とくに矛盾する事例が半々に分かれるような場合には，既存の原因変数の概念化や操作化に問題があるか，あるいはなんらかの別の原因変数が見落とされている可能性が高い。レイガンはその他にもいくつかの具体的な対処法を提案しているので，実際にこの問題に突き当たったときには参照していただきたい。

さて，件の研究者の研究室にもどろう。表8.1を作成した彼は思わず口元をゆるめた。体制崩壊が起こらなかったのは3つの原因変数がいずれも0である最初の行だけで，原因変数のどれか1つ以上が値1であれば必ず体制崩壊の該当事例が存在することは明らかである。つまり軍事体制の崩壊が生じるには，想定された3つの原因変数のうちどれか1つでも生起すれば十分である，ということがわかったのだ。彼はこの分析結果を友人たちに報告すべく，喜び勇んで研究室を後にした。

2. ブール式による表記

ブール代数の演算　　レイガンが提唱したブール代数アプローチの出発点は，このような真理表を作成することである。もちろん分析はここで終わるわけではない。もし先の研究者がブール代数に関する知識をもちあわせていたならば，彼は部屋を飛び出す前に，真理表をさらにコンパクトに表現する手だてに気づいたであろう。それは真理表をブール式に書き直すことである。そのためにまずブール代数における基本演算，すなわちブール和（加算）とブール積（乗算）を説明しよう。ブール変数が定義されている代数系をブール代数というが，この代数系における和（加算）は論理演算子の"OR"（論理和）と等しく，積（乗算）は論理演算子の"AND"（論理積）と等しい。したがって2つのブール変数AとBについて，ブール和とブール積は表8.2の真理表で一覧できる。

表8.2　ブール和とブール積

A	B	ブール和		ブール積	
		$A+B$	$B+A$	$A \times B$	$B \times A$
0	0	0	0	0	0
1	0	1	1	0	0
0	1	1	1	0	0
1	1	1	1	1	1

真理表の理解を深めるためには，集合論的にベン図を書いてみるのもよいが，論理回路で説明する方がより直裁的でわかりやすいだろう[3]。論理回路では，ブール変数はON（値1）かOFF（値0）の2つの状態をもつスイッチに対応

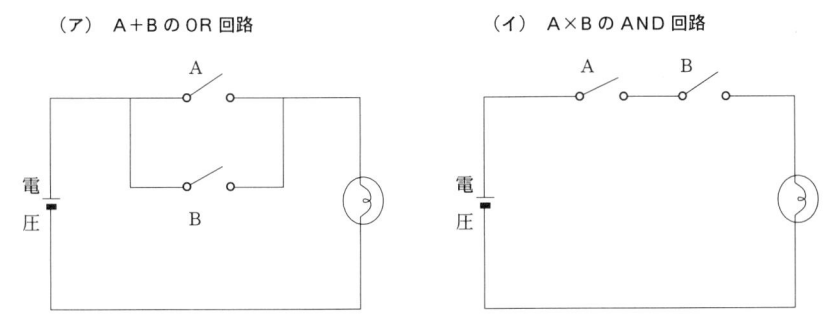

し，ブール和は OR 回路（並列接続）に，ブール積は AND 回路（直列接続）にそれぞれ対応する。図 8.1(ア)はブール和 A＋B を論理回路で表現したものである。この OR 回路では，スイッチ A か B の少なくともどちらかが ON 状態であれば電流は流れ，ランプが点灯する。ランプの応答を，点灯すれば値 1，点灯しなければ値 0 をとるブール変数と考えれば，以上のことは表 8.2 の A＋B の列に示した演算結果と合致する。また B＋A のように加算の順番を入れ替えても，論理回路ではスイッチ A と B の場所が入れ替わるだけなので，回路としての応答に変化はない。ブール積 A×B を表現した図 8.1(イ)の AND 回路では，スイッチ A と B がともに ON 状態でなければランプは点灯しない。これは表 8.2 の演算結果（A×B の列）と合致する。また B×A のように乗算の順番を入れ替えた場合でも，やはりスイッチの場所が入れ替わるだけなので応答に変化はない。

(ア) A＋B の OR 回路　　　　　(イ) A×B の AND 回路

図 8.1　ブール演算の論理回路

いくつかの演算規則　　これまでの整理からブール代数において交換則が成り立つことは明らかである。ブール代数ではこの他にも，吸収則やド・モルガン則等，後述の縮約に役立ついくつかの演算規則が成り立つが，ここでは後の

---
(3) 本書初版においてはベン図による説明を行っていたが，ややわかりにくいとのご指摘もあり，第 2 版では論理回路による説明に改訂した。論理回路のていねいな説明としては永田（1996）を参照のこと。また後述のブール代数の演算規則と縮約を含む補足的解説として，小林（2000）を参照されたい。以下の解説はこの両者に多くを負っている。

分析のために分配則のみ確認しておく。

■分配則　　$A\times(B+C)=A\times B+A\times C$　　　　　　　(8.1)

　　　　　　$A+B\times C=(A+B)\times(A+C)$　　　　　　(8.2)

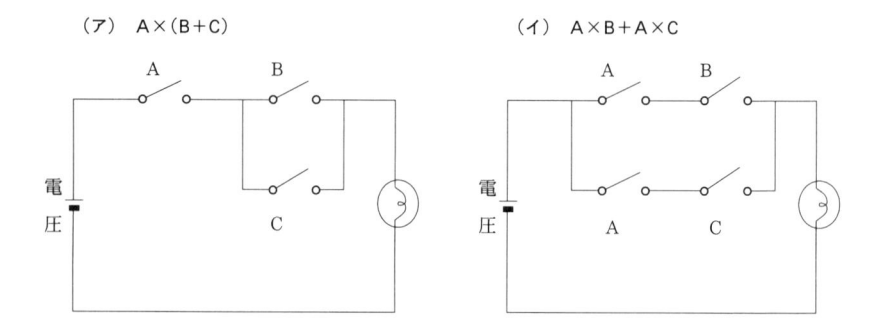

> **問1**　上記の(8.1)式と(8.2)式が成立することを，論理回路と真理表で確かめよ。

(8.1)式の左辺は図8.2(ア)，また右辺は図8.2(イ)の論理回路で，それぞれあらわされる。どちらの論理回路でも，スイッチAとBがともにON状態か，あるいはAとCがともにON状態のときだけランプが点灯するので，両者の論理回路の応答は等しいことがわかる。(8.2)式については，左辺は図8.2(ウ)，右辺は図8.2(エ)の論理回路になる。どちらの論理回路でも，スイッチAがON状態のときランプが点灯し，もしAがOFF状態ならばBとCがともにON状態のときだけランプが点灯する。したがって両者の論理回路の応答は等しい。これらを真理表で確認したのが表8.3(a)および(b)であり，(a)が(8.1)式に，(b)が(8.2)式に，それぞれ対応する。筆者は論理回路による考察結果が，これらの真理表と合致することを確認してほしい。

(ア)　$A\times(B+C)$

(イ)　$A\times B+A\times C$

（ウ）A＋B×C　　　　　　　　　　　（エ）（A＋B）×（A＋C）

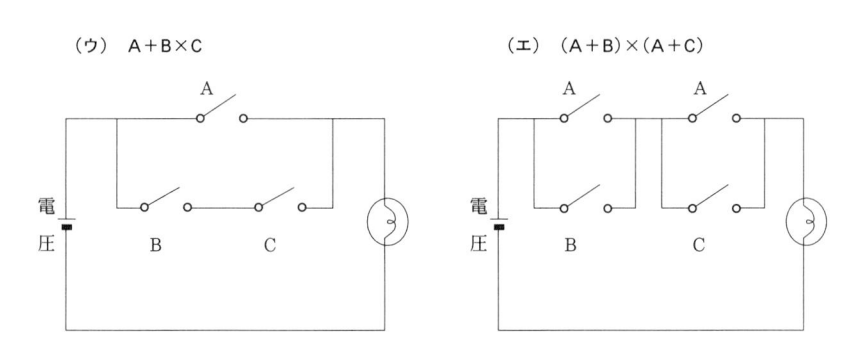

図8.2　分配則の論理回路

表8.3　分配則の真理表

(a) A×(B＋C)＝A×B＋A×C　　　　(b) A＋B×C＝(A＋B)×(A＋C)

A	B	C	$B+C$	$A\times(B+C)$	$A\times B$	$A\times C$	$A\times B+A\times C$	A	B	C	$B\times C$	$A+B\times C$	$A+B$	$A\times C$	$(A+B)\times(A+C)$
0	0	0	0	0	0	0	0	0	0	0	0	0	0	0	0
0	0	1	1	0	0	0	0	0	0	1	0	0	0	1	0
0	1	1	1	0	0	0	0	0	1	1	1	1	1	1	1
0	1	0	1	0	0	0	0	0	1	0	0	0	1	0	0
1	1	0	1	1	1	0	1	1	1	0	0	1	1	1	1
1	1	1	1	1	1	1	1	1	1	1	1	1	1	1	1
1	0	1	1	1	0	1	1	1	0	1	0	1	1	1	1
1	0	0	0	0	0	0	0	1	0	0	0	1	1	1	1

ブール式による表現　　以上のようなブール和とブール積を組み合わせて，表8.1の真理表を1つのブール式に書き換えよう（以下では事例数の情報は必要ない）。その前にレイガンにならって表記法を変更しておく。すなわち原因変数Aが存在する場合（すなわち値1の場合）は変数名の大文字Aで表記し，存在しない場合（すなわち値0の場合）は変数名の小文字aで表記する。したがって$\overline{A}$でAの否定または補集合を表せば，$\overline{A}=a$，または$\overline{a}=A$である。また乗算の×記号は省略する。

問2　レイガンの表記法を用いて，表8.1の各行ごとのブール式を求めよ。

各行の原因条件の部分はブール積になる。たとえば第1行は3つの原因がいずれも存在しないケース，すなわち論理演算でいえば，$A=0$ AND $B=0$ AND $C=0$，のケースである。したがってレイガンの表記を使えば，abc と表されることになる。そしてこの原因変数の組み合わせで体制崩壊した事例はなかった，すなわち原因条件 abc に対応する結果は $F=0$ なので，求めるブール式は $f=abc$，となる。同様に第2行は原因 A だけが存在し他の2つの原因は存在しないケース，すなわち論理演算でいえば，$A=1$ AND $B=0$ AND $C=0$，のケースなので，原因条件の部分は Abc と表される。この組み合わせのときには体制崩壊したケースが存在して，$F=1$ なので，求めるブール式は $F=Abc$，となる。以下同様にして上から順に，$F=aBc$，$F=abC$，$F=ABc$，$F=AbC$，$F=aBC$，$F=ABC$，となる。

　さて，真理表を作成したときのわれわれの問題は，体制崩壊の原因としてどれが不可欠に効いているか，ということであった。体制崩壊を生じさせる条件が問題なので，これまで求めたブール式のうち左辺が F のものだけに注目すればよい。そのようなブール式は，第1行に対応するものを除いて7つある。これは体制崩壊を生じさせる原因条件の組み合わせが7通りあることを意味している。

問3 問2で求めた各式のうち，左辺が F のものを，1つのブール式にまとめよ。

　$F=1$ となるためには7通りの組み合わせ（ブール積）のどれでもよいのだから，これらのブール積を結合して F と等価とし1つのブール式にまとめるためには，論理演算子は（"AND" ではなく）"OR" でなければならない。したがってレイガンの表記法によれば求めるブール式は，次の式になる。

$$F = Abc + aBc + abC + ABc + AbC + aBC + ABC \tag{8.3}$$

　こうしてわれわれは表8.1の真理表を1つのブール式で表すことに成功した。しかし(8.3)式にまとめただけでは何のことやらわからない。分析には次のス

テップがある。それは(8.3)式を一定の規則のもとに縮約して，より単純明快なブール式に変形することである。

3. ブール式の縮約

縮約の手順　縮約は，(8.3)式のようなブール式を構成している各項（ブール積）から2つを抜きだして組み合わせ，そのペアごとに和をとる形で進められる。(8.3)式の場合は7つの項から2つを取りだす組み合わせになるので，$_7C_2 = 7!／2!(7-2)! = 21$ とおりのペアのつくり方がある。これらすべてを網羅的にチェックしてもよいが，縮約におけるつぎの規則性に注意すれば，必ずしもすべてのペアをチェックする必要はない（Ragin 1987 ＝ 訳 1993, 135-137頁）。

■縮約における規則：
2つのブール積がただ1つの原因条件でのみ異なるとき，その原因条件は結果の生起に無関係であり，削除することができる。

> **問4**　(8.3)式の最初の項 Abc について，上記の規則に該当する他の項との組み合わせをつくり，その各々について上記の規則が成り立っていることを確認せよ。

(8.3)式の最初の項 Abc に着目すると，それとただ1つの原因条件で異なる他の項としては ABc と AbC の2つがある。このうち前者との組み合わせは $Abc + ABc$ となり，分配則をもちいれば $Ac(b+B)$ と変形できる。ところが $b+B=1$ なので，さらに Ac と変形できる。確かに両項のあいだで相違する原因 B は削除できた。ようするに Ac という原因条件がそろっているときには，原因 B が 0 でも 1 でも $F=1$ となるのだから，原因 B は結果の生起には無関係なのである。もう1つの組み合わせについても，$Abc + AbC = Ab(c+C) = Ab$ と変形できるので，両項のあいだで相違する原因 C を削除できる。

着目する項を右にずらしながら同様の手続きをふんでゆけば，最初の縮約が完了する。重複する組み合わせが生じたときには省略してよい[4]。表 8.4 の上段（「1 回め」の欄）に，(8.3)式に対するすべての可能な縮約の結果を一覧する。最右列の縮約結果は，(8.3)式が次のブール式に縮約できたことを示している。

$$F = Ac + Ab + Bc + aB + bC + aC + AB + AC + BC \qquad (8.4)$$

さらに(8.4)式に対しても，これまでと同じ手続きで縮約をおこなうことができる。(8.4)式の縮約プロセスとその結果は表 8.4 の下段（「2 回め」の欄）に一覧している。この縮約結果は，(8.3)式が最終的に次のブール式に縮約できたことを示している。

表 8.4 体制崩壊のブール式の縮約結果

縮約段階	着目した項	縮約規則に該当する組合せ	縮約結果
1 回め	Abc	$Abc + ABc$	Ac
		$Abc + AbC$	Ab
	aBc	$aBc + ABc$	Bc
		$aBc + aBC$	aB
	abC	$abC + AbC$	bC
		$abC + aBC$	aC
	ABc	$ABc + ABC$	AB
	AbC	$AbC + ABC$	AC
	aBC	$aBC + ABC$	BC
2 回め	Ac	$Ac + AC$	A
	Ab	$Ab + AB$	A
	Bc	$Bc + BC$	B
	aB	$aB + AB$	B
	bC	$bC + BC$	C
	aC	$aC + AC$	C

---

[4] 縮約規則に該当する組み合わせがまったくない項は，そのまま残すことになる。(8.3)式と(8.4)式の縮約においては，そのような項は存在しない。

$$F = A + B + C \tag{8.5}$$

(8.5)式をこれ以上，縮約することはできない[5]。この式は，結果 F が生じるためには，原因条件が A または B または C であること，つまり3つの原因のどれか1つが生じれば十分であることをのべている。件の研究者が真理表から読みとったメカニズムを，この単純な式1つで端的に表現できたわけだ。

必要条件と十分条件　以上のように真理表をブール式で表すことで，よりコンパクトに，そしてより明示的に最低限必要な原因条件を提示できる。メリットはもう1つある。それは必要条件と十分条件に関係づけた結果の解釈がきわめて容易になることだ（Ragin 1987 = 訳 1993, 143-145 頁）。

結果の生起のためにある原因条件が必ず存在していなければならないとき，その原因条件は必要条件である。たとえばブール式 $F = AB + Ac = A(B+c)$ において，結果が生起するときには必ず原因条件 A が存在しているので，A は必要条件である。しかし原因条件 B や c は必ず存在しているわけではないので，必要条件ではない。複数のブール項をもつブール式においてある原因条件が必要条件であるとき，その原因条件は式を変形することによって外にくくりだすことができる。

一方，ある原因条件が存在しているだけで必ず結果が生起するとき，その原因条件は十分条件である。たとえばブール式 $F = A + Bc$ において，原因条件 A が存在するならば必ず結果が生起するので，A は十分条件である。しかし原因条件 B や c はそれぞれが単独で存在するだけでは結果を生起させないので，いずれも十分条件ではない。十分条件となる原因条件は，必ず単独でブール項を構成する。

同じくブール式 $F = A + Bc$ において，必要条件と十分条件をあわせていう

---

[5] (8.5)式の A, B, C のようにそれ以上縮約できないブール項は，「素数的条件」とよばれる。レイガンは縮約によってえられた素数的条件が，もともとのブール項をすべて包含するという意味において冗長な場合に，さらに最低限必要な素数的条件を絞り込む方法を提案している（Ragin 1987 = 訳 1993, 137-143 頁）。ただしそこまで縮約を進めるかどうかは分析目的にも依存するので，本章では扱わない。

ならば，原因条件 A は十分条件であるが必要条件でない。また原因条件 B と c はいずれも必要条件でも十分条件でもない。それでは F=A のような場合はどうであろうか。この場合，原因条件 A は必要条件かつ十分条件，すなわち必要十分条件である。このとき結果 F と原因条件 A は同値（ないし等価）の関係になる。

4. もう1つの分析例

クロス表への応用　　デジェンヌとルボーは，レイガンと似たような着想で，クロス集計表の分析にブール代数を応用した（Degenne and Lebeaux 1996）。クロス集計表は社会調査データを整理・分析するための基本的な集計表で，2つ以上のカテゴリカル変数を組み合わせてできる同時回答の度数分布を1つの表にしたものである。デジェンヌとルボーの基本的な着想は，クロス集計表において生起度数の少ない回答パターンに着目し，そこから背理法的に含意される変数間の論理的規定関係をさぐろう，というものである[6]。ここでは筆者が実施した携帯電話に対する不快感の調査データをもちいて，1つの分析例を提示する。

表 8.5　携帯電話に対する不快感のクロス集計表（回答総数 95）

	列車の客室					
	不快			平気		
		列車のデッキ			列車のデッキ	
駅構内	不快	平気	駅構内	不快	平気
不快	20	25	不快	0	7
平気	13	11	平気	0	19

表 8.5 は次の質問に対する回答を 3 重クロス集計表で集計したものである。「ある場所で A さん（他人）が携帯電話を使って話しはじめたとします。A さ

---

[6] 背理法については第 6 章を参照のこと。なお以下のデータは九州大学における低年次科目の受講学生を対象にした調査（1996 年秋実施）で，有効回収票は 100 であった。このデータを用いたより詳細なブール代数分析については三隅（1998a）を参照されたい。

んはそれほど大きな声で話していませんが，あなたはその会話が聞き取れるくらい近くにいたとします。以下の状況で，あなたはそのことを不快に感じますか」。そして駅の5つの場面を指定し（ただし以下では3つにまとめた)[7]，それぞれについて「不快に感じる」から「何とも感じない」まで4段階で回答してもらった。回答は中間点で区切って「1＝不快」と「0＝平気」に2値化した。

まずレイガンにならって表記法は，

$$\text{不快：値 1} \quad \text{平気：値 0}$$

A. 列車の客室.......　　A　　　a
B. 列車のデッキ....　　B　　　b
C. 駅構内.............　　C　　　c

とすることを約束しよう。そのうえで表8.6のような分析表を作成する。この例では3変数の同時回答パターンは8とおりある。最初に「回答パターン」の欄にそれらを列挙するのだが，そのとき生起しない回答パターン（すなわち生起度数が0の同時回答）に注目し，度数が1以上のものと区別して書きだす。ここでは aBC と aBc の2つの回答パターンがそれに該当する。分析の対象とするのは，この2つの生起しない回答パターンである。

表8.6　携帯電話に対する不快感の論理分析

回答パターン		縮約結果
度数＞0	度数＝0	1回め
ABC　20	aBC　*	aB
ABc　13	aBc　*	
AbC　25		
Abc　11		
abC　7		
abc　19		

――――――――――
[7]「ホーム公衆電話の側」「ホームのベンチ」「駅構内の通路」の3つに分けて聞いていたものを，「駅構内」でまとめて集計した。

この2つについては回答がまったくなかったのだから，回答がある場合を F，回答がない場合（空集合）を f で表せば，次のブール式が成り立つ。

$$f = aBC + aBc \tag{8.6}$$

あとはレイガンと同じやり方で(8.6)式を縮約し，回答を生起させないために最低限必要な条件を引きだすのである。(8.6)式では可能なブール積の組み合わせは1とおりしかないので，縮約は1回だけで十分である。すなわち，$aBC + aBc = aB(C+c) = aB$，となってこれ以上縮約することはできない（表中の＊印は縮約で使用したブール項であることを表しており，＊印がつかずに残るものがあれば縮約後のブール式に加えなければならない）。

こうして(8.6)式は，次のブール式に縮約された。

$$f = aB \tag{8.7}$$

この(8.7)式は，背理法的に次のことを含意する。$B \Rightarrow A$（B ならば A），または，$a \Rightarrow b$（a ならば b）。前者は列車のデッキが不快ならば必ず客室も不快であることを意味し，後者は同じことであるが，客室が平気ならば必ずデッキも平気であることを意味している。したがって携帯電話に対して「場」がもつ許容度のようなものがあるとすれば，それはデッキよりも客室が低いといえるだろう。このような変数間のコンパクトな論理的関係をクロス集計表から直接引きだすことは，至難の業である。

少数回答パターンの処理 　　ところでレイガンの分析について言及した事例間の矛盾の問題は，ここでも当てはまる。表8.5のように度数0の回答パターンが存在するときは，それらを生起しない回答パターンとすれば問題ないが，クロス集計表のすべてのセルに回答があることはめずらしくない。デジェンヌらは，ある合理性をもった足切り値を設定して，それより少ない度数の回答パターンを「生起しない」回答パターンとみなして分析する方法をとっている。筆者も，足切り値を徐々に上げていって変数間の論理的関係の変化を吟味すること

は，むしろ積極的な分析的価値をもっていると考える。

一例を示そう。表8.5において，もし回答が均等分布したと仮定すれば，各々の回答パターンには95／8＝11.9人の度数が期待される。そこで11人を足切り値として，明らかにそれより度数が小さい abC（度数7人）を，生起しない回答パターンに加えてみる。そのうえで先ほどと同じやり方で縮約すると(8.7)式に代わるブール式として，$f=aB+aC$，をえる（読者は自分で確認してほしい）。あらたに加わった項 aC は背理法的に，$C \Rightarrow A$，または，$a \Rightarrow c$，を含意する。つまり駅構内が不快ならば必ず客室も不快である（または客室が平気ならば必ず駅構内も平気である），ということだ。したがって携帯電話に対して「場」がもつ許容度についていえば，客室のそれはデッキよりも低く，かつ駅構内よりも低いことがわかる。

この解釈の広がりは整合的であるし，われわれの直観にもうったえる。しかしそれだけで abC に対する7人の回答を誤差として切り捨てるのに十分とはいえない。たとえばつぎのような可能性もある。携帯電話との関係でみた人びとの「空間」のとらえ方には，（客室，デッキ，駅構内）に共通する因子と，（客室，デッキ）と（客室，駅構内）とで異なる因子が働いている。もし abC に回答した7人について再分析をおこない，たとえば属性変数（性別，学年，学部等）との関係で系統だった特徴を確認できれば，その可能性はさらに高まるだろう。このように一方で足切りを進めて変数間の論理的関係を吟味しながら，他方で足切りされた回答の再分析をおこなうことで，なんらかの発見がもたらされる可能性は少なくない。

5. お わ り に

本章ではレイガンおよびデジェンヌとルボーの先行研究を中心に，ブール代数アプローチの分析ロジックを紹介した。この2例をとりあげたのは，質的な調査データと量的な調査データの両面でこのアプローチの有効性を吟味するためである。質的な事例研究に対しては定型的な分析法とそれによる一般化の可能性を示し，計量的な研究に対しては型どおりの統計手法の適用によって見落とされがちなデータの背後の複雑さ（場合によっては単純さ）を引きだす方法

を示す。この企図をとおして，ブール代数アプローチが質的分析と計量的分析の間を橋渡しする可能性をもっていることを，ある程度示しえたと思っている。

　レイガンの方法にせよデジェンヌらの方法にせよ，2値化による情報の欠落や，事例間の矛盾の問題，結果の検証（統計的検定のような標準的手続き）の問題等はけっして過小評価できない制約である。しかし，通常的な統計的分析を併用できる場合もあるし，逆にその制約を活用して理論的観点や分析枠組みを修正していく生産的な道筋も示唆されている。もとよりどんな分析手法にもメリットとデメリットはあるので，手法の限界を知りつつ，メリットを最大限に生かすことが肝要だと思われる。そしてその努力が実を結ぶかどうかは，半分は研究者の問題意識の鮮明さに依存している。つまり真理表や調査票の背後にある出発点となる仮説は，ある程度鮮明で練られたものでなければならない。

　社会学でブール代数アプローチを用いた研究は，世界的にみてもさほど多くない。その中では鹿又（1998）や鹿又ほか（2001）が，いくつかのユニークな実証分析を含めて多面的にこのアプローチを検討している。本章では実証分析への応用に焦点をしぼったが，ブール代数アプローチを用いた演繹的な理論構築のこころみもある（鹿又 1996：三隅 1998b, 2000）。こうした面での研究蓄積が進めば，この手法の可能性はさらに広がっていくであろう。QCA（質的比較プログラム）というパソコン用のソフトも準備されている。入手の仕方についてはレイガン（Ragin 1987 = 訳1993, 176頁）を，また使用に際しては鹿又（1993）を参照されたい。

文献案内

Ragin, C. C. 1987 *The Comparative Method*. University of California Press
　（レイガン 1993『社会科学における比較研究―質的分析と計量的分析の統合にむけて』ミネルヴァ書房）
　ブール代数アプローチを学ぶための必読書。訳もしっかりしており，原著にない付録（キーワード解説・ブール代数の演算規則）は助けとなる。前半での質的事例研究と計量的研究の批判的整理をふまえて，6章から両者の統合をもくろむ戦略としてのブール代数アプローチが展開される。題材のおもしろさを味わいながら読んでほしい。

鹿又伸夫・野宮大志郎・長谷川計二　2001　『質的比較分析』　ミネルヴァ書房

レイガンによる提唱以後のブール代数アプローチの発展を，豊富な素材をもとに実証分析と理論構築の両面から知ることができる。演算の基礎，統計的方法との対比，応用的な問題点なども網羅されているので，これ一冊で基礎から最前線までをつかめる。

Degenne, A. and M-O. Lebeaux 1996 "Boolean Analysis of Questionnaire Data", *Social Networks* **18**: 231-245.
　本章4節で紹介したクロス集計表分析に関する，デジェンヌとルボーのオリジナルな雑誌論文（本章ではレイガンにあわせて表記法を変えている）。

引用文献

イントロダクション

Boudon, R. 1973 *L'inegalite des Chances*. Colin. [『機会の不平等』杉本一郎・山本剛郎・草壁八郎 1983 新曜社]
—— 1974 *Education, Opportunity, and Social Inequality*. Wiley.
—— 1979 "Generating Model as a Research Strategy." in Merton, R. K., J. S. Coleman and P. H. Rossi (eds.) *Qualitative and Quantitative Social Research: Papers in Honor of Paul F. Lazarsfeld*. Free Press. pp.51-64.
Bradley, I. and R. L. Meek 1986 *Matrices and Society*. Penguin Books. [『社会のなかの数理』小林淳一・三隅一人訳 1991 新装版 1996 九州大学出版会]
Elster, J. 1989 *Nuts and Bolts for the Social Sciences*. Cambridge University Press. [『社会科学の道具箱―合理的選択理論入門』海野道郎訳 1997 ハーベスト社]
Fararo. T. J. and K. Kosaka 1976 "A Mathematical Analysis of Boudon's IEO Model." *Social Science Information*. 15 : 431-475.
Hauser. R. M. 1976 "Review Essay on Boudon's Model of Social Mobility." *American Journal of Sociology*. 81 : 911-928.
Hedstrom, P. and R. Swedberg (eds.) 1998 *Social Mechanisms: An Analytical Approach to Social Theory*. Cambridge University Press.
Karlson, G. 1958 *Social Mechanisms: Studies in Sociological Theory*. Almqvist and Wiksell.
小林淳一・木村邦博編 1991 『考える社会学』ミネルヴァ書房
小林淳一・木村邦博 1997 『数理の発想でみる社会』ナカニシヤ出版
永田博義 1996 『初めて学ぶディジタル回路とブール代数』オーム社
直井 優 1979 「職業的地位尺度の構成」富永健一編『日本の階層構造』東京大学出版会 434-472頁
Popper, K. R. 1972 *Objective Knowledge: An Evolutionary Approach*. Clarendon

Press.〔『客観的知識−進化論的アプローチ』 森 博訳 1974 木鐸社〕
佐藤嘉倫 1998 『意図的社会変動の理論―合理的選択理論による分析』 東京大学出版会
盛山和夫 1986 「社会学における理論の発展のために」『理論と方法』1(1) : 71-86頁
須田 宏 1996 『経済・経営のための基礎数学(3) 差分方程式・微分方程式』 培風館
志賀浩二 1988 『数学30講シリーズ1 微分・積分30講』 朝倉書店
竹内靖雄 1976 『経済学とイデオロギー』 日本経済新聞社
潮木守一 1975 「教育と階層間移動に関するシミュレーション分析(1)」『名古屋大学・教育学部紀要』 第22巻49-70頁

1章

Bernoulli, D. 1954 (1738) "Exposition of a New Theory on the Measurement of Risk." *Econometrica.* **22** : 23-36.
福場 庸 1993 『意思決定論の基礎』 現代数学社
岩本健良 1991 「教育と社会的不平等」小林淳一・木村邦博編 『考える社会学』 ミネルヴァ書房 253-264頁
小林淳一・木村邦博 1997 『数理の発想でみる社会』 ナカニシヤ出版
Lave, C. A. and J. G. March 1975 *An Introduction to Models in Social Sciences.* Harper.〔佐藤嘉倫・大澤定順・都築一治訳 『社会科学のためのモデル入門』 1991 ハーベスト社〕
松原 望 1985 『新版 意思決定の基礎』 朝倉書房
Menger, K. 1967 (1934) "The Role of Uncertainty in Economics." in Shubik, M. (ed.), *Essays in Mathematical Economics* in Honor of Oskar Morgenstern. pp.211-231. Princeton University Press.
Raiffa, H. 1970 *Decision Analysis.* Addison-Wesley.〔宮沢光一・平館道子訳 『決定分析入門』 1972 東洋経済新報社〕
佐伯胖 1980 『「きめ方」の論理』 東京大学出版会
Samuelson, P. A. 1977 "St. Petersburg Paradoxes." *Journal of Economic Literature.* **15** : 24-55.
繁桝算男 1985 『ベイズ統計入門』 東京大学出版会

2章

神取通宏 1994 「ゲーム理論による経済学の静かな革命」 岩井克人・伊藤元重編 『現代の経済理論』 東京大学出版会 15-56頁
宮本光晴 1990 「パレート最適と選択関数」 佐伯啓思・間宮陽介・宮本光晴 『命題コレクション経済学』 筑摩書房 15-20頁
村田省三 1992 『経済のゲーム分析』 牧野書店
中山幹夫 1997 『はじめてのゲームの理論』 有斐閣ブックス
大村 平 1990 『戦略ゲームのはなし―必勝のテクニック』 日科技連

Rasmusen, E. 1989 *Games and Information: An Introduction to Game Theory*. Basil Blackwell Ltd.［細江守紀・村田省三・有定愛展訳 『ゲームと情報の経済分析Ⅰ，Ⅱ』 1990 九州大学出版会］

Lave, C. A. and J. G. March 1975 *An Introduction to Models in Social Sciences*. Harper.［佐藤嘉倫・大澤定順・都築一治訳『社会科学のためのモデル入門』1991 ハーベスト社］

Schelling, T. C. 1960 *The Strategy of Conflict*. Harvard University Press.

3章

Axelrod, R. 1984 *The Evolution of Cooperation*. Basic Books. ［松田裕之訳 『つきあい方の科学－バクテリアから国際関係まで』1987 ＨＢＪ出版局］

Coleman, J. S. 1990 *Foundation of Social Theory*. The Belknap of Harvard University Press.

Hafstadler, D. R. 1985 *Metamagical Themas*. Basic Books. ［竹内郁雄・斉藤康己・片桐恭弘訳 『メタマジック・ゲーム』 1990 白揚社］

小林淳一・木村邦博 1997 『数理の発想でみる社会』ナカニシヤ出版．

Luce, R. D. and H. Raiffa 1957 *Games and Decisions: Introduction and Critical Survey*. Dover Publications.

Maynard Smith, J. 1982 *Evolution and the Theory of Games*. Cambridge University Press.［寺本 英・梯 正之訳 『進化とゲーム理論』 1985 産業図書］

森岡清美・塩原 勉・本間康平編 1993 『新社会学辞典』 有斐閣

中山幹夫 1997 『はじめてのゲームの理論』 有斐閣ブックス

西山賢一 1986 『勝つためのゲームの理論－適応戦略とは何か』 講談社ブルーバックス

織田輝哉 1998 「社会学における進化論的アプローチと合理的選択アプローチ」『理論と方法』12(2)：137-148頁

Rapoport, A. 1965-68 "Three Philosophies of War and Their Implications for Peace Research" and other articles, ［関寛治訳 『現代の戦争と平和の理論』 1969 岩波新書］

Rousseau, J. J. 1755 *Discours sur L'origine de L'inégalité parmi les Hommes*. ［本田喜代治・平岡昇訳 『人間不平等起源論』 1972 岩波文庫］

4章

Granovetter, M. 1978 "Threshold Models of Collective Behavior." *American Journal of Sociology*. 83(6)：1420-1443.

長谷川計二 1993 「ネットワーク外部性の集合行動」 海野道郎編 『社会的ジレンマに関する数理社会学的研究』 科学研究費補助金成果報告書 164-171頁

石井健一 1987 「世論過程の閾値モデル」『理論と方法』 第2巻 第1号15-28頁

岩本健良 1993 「異質性を持つ社会的ジレンマへの閾値モデルの適用」 海野道郎編 『社

会的ジレンマに関する数理社会学的研究』科学研究費補助金成果報告書 152-163 頁
山岸俊男 1990 『セレクション社会心理学 15 社会的ジレンマ―「自分1人ぐらいの心理」が招くもの―』 サイエンス社
山口昌哉 1996 『カオス全書1 カオス入門』 朝倉書店

5章

Barnes, J. A. 1969 "Networks and Political Process." in Mitchell, J. C. (eds.). *Social Networks in Urban Situations*. Manchester University Press. pp.51-112. [三雲正博・福島清紀・進本真文訳 「ネットワークと政治的過程」『社会的ネットワーク』 1983 国文社 43-73 頁]
Bonacich, P. 1972 "Factoring and Weighting Approaches to Status Scores and Clique Identification." *Journal of Mathematical Sociology*. 2 : 113-120.
Boissevain, J. 1974 *Friends of Friends - Networks, Manipulators and Coalitions-*. Basil Blackwell and Mott Ltd. [岩上真珠・池岡義孝訳 『友達の友達―ネットワーク,操作者,コアリッション』 未来社 1986]
Freeman, L. C. 1978/79 "Centrality in Social Networks." *Social Networks*. 1 : 215-239.
平松 闊編 1990 『社会ネットワーク』 福村出版
Nieminen, J. 1974 "On the centrality in a graph." *Scandinavian Journal of Psychology*. 15 : 322-336.
森岡清美・塩原 勉・本間康平編 1993 『新社会学辞典』 有斐閣
安田 雪 1997 『ネットワーク分析―何が行為を決定するか―』 新曜社

6章

Bradley, I. and R. L. Meek 1986 *Matrices and Sociey*. London: Penguin Books. [『社会のなかの数理』 小林淳一・三隅一人訳 1991 新装版 1996 九州大学出版会]
Breiger, R. L. 1974 "The Duality of Persons and Groups." *Social Forces*. 53(2) : 181-190.
Fararo, T. J. and P. Doreian 1984 "Tripartite Structural Analysis: Generalizing Breiger-Wilson Formalism." *Social Networks*. 6 : 141-175.
池田 央 1980 『調査と測定』 新曜社
小林淳一・松田光司 2002 「『KST』定理の証明について」『福岡大学人文論叢』 34(2) : 525-534 頁
Kemeny, J. G., J. L. Snell and G. L. Thompson 1974 *Introduction to Finite Mathematics*. (3 rd ed.). Englewood Cliffs, New Jersey: Prentice-Hall. [矢野健太郎訳 『新しい数学』 1959 共立出版(原著1957年版の訳)]
Roberts, F. S. 1976 *Discrete Mathematical Models*. Englewood Cliffs, New Jersey: Prentice-Hall.

Rorres, C. and H. Anton 1979 *Applications of Linear Algebra*. (2 nd ed.). New York: John Wiley & Sons. [山下純一訳 『やさしい線型代数の応用』 1980 現代数学社]
Wasserman, S. and K. Faust 1994 *Social Network Analysis*. Cambridge: Cambridge University Press.
Wilson, T. P. 1982 "Relational Networks: An Extension of Sociometric Concepts." *Social Networks*. 4 : 105-106.

7章

Abell, P. 1987 *The Syntax of Social Life*, Oxford University Press.
―― 1993 "Some Aspects of Narrative Method", *Journal of Mathematical Sociology*. 18 (2-3) : 93-134.
Everett, M. G. and J. N. Nieminen 1980 "Partitions and Homomorphisms in Directed and Undirected Graphs". *Journal of Mathematical Sociology*. 7 : 91-111.
Fararo, T. J. 1973 *Mathematical Sociology*. John Wiley and Sons. [西田春彦・安田三郎(監訳)『数理社会学Ⅰ・Ⅱ』紀伊国屋書店, 1980]
東　豊 1993『セラピスト入門－システムズアプローチへの招待』日本評論社
Kosaka, K. 1993 "Toward a Further Analysis of Narratives". *Journal of Mathematical Sociology*. 18(2-3) : 141-151.
高坂健次 1992「COMPARATIVE NARRATIVES－P. エーベルの理論と方法」原純輔（編）『非定型データの処理・分析法に関する基礎的研究』文部省科研費研究成果報告書
Krippendorff, K. 1980 *Content Analysis: An Introduction to Its Methodology*, Sage [三上俊治・椎野信雄・橋元良明［訳］『メッセージ分析の技法－「内容分析」への招待』勁草書房, 1989]
三隅一人 2001「二次分析としての Comparative Narratives―蜂の巣城紛争の再考―」『理論と方法』16(1) : 103-120 頁
三隅一人 1998a「地域紛争事例のデキゴトバナシ比較分析」『比較社会文化』4（九州大学大学院比較社会文化研究科）: 37-47 頁

8章

Degenne, A. and M-O. Lebeaux 1996 "Boolean Analysis of Questionnaire Data", *Social Networks*. 18 : 231-245.
鹿又伸夫編　1998 『ブール代数アプローチによる質的比較』文部省科研費研究成果告書
鹿又伸夫 1996「"予言の自己成就"と合理性－ブール代数分析による思考実験」『社会学評論』47 (2) : 156-170 頁
―― 1993「質的比較プログラムＱＣＡについて」『立命館産業社会論集』29(2)、立命館

産業社会学会：85-132 頁
鹿又伸夫・野宮大志郎・長谷川計二編著 2001『質的比較分析』ミネルヴァ書房
小林淳一 2000「ブール式の縮約について」『福岡大学人文論叢』31(4)：2941-2950.
三隅一人 1998a「クロス表のブール代数分析－携帯電話に対する不快感の論理」鹿又伸夫編『ブール代数アプローチによる質的比較』文部省科研費研究成果報告書：61-72 頁
―― 1998b「ブール代数アプローチによる役割概念再考」鹿又伸夫（編）『ブール代数アプローチによる質的比較』文部省科研費研究成果報告書：129-141 頁
三隅一人 2000「役割イメージ分布と役割識別」『社会分析』27 号：37-51.
永田博義 1996『初めて学ぶディジタル回路とブール代数』オーム社.
Ragin, C. C. 1987 *The Comparative Method*, University of California Press ［鹿又伸夫監訳 『社会科学における比較研究－質的分析と計量的分析の統合にむけて』ミネルヴァ書房　1993］

索 引

人名索引

あ行
アクセルロッド（Axelrod, R.）　57
東　豊　121, 128
石井健一　69
岩本健良　69
エーベル（Abell, P.）　119-130

か行
鹿又伸夫　148
木村邦博　9-11
グラノヴェター（Granovetter, M.）　68
高坂健次　120, 131
小林淳一　9-11

さ行
塩原　勉　98

た行
デジェンヌ（Degenne, A.）　144-147

な行
ナッシュ（Nash, J.）　44
ニーミネン（Nieminen, J.）　94

は行
ハウザー（Hauser, R. M.）　8
長谷川計二　69
バーンズ（Barnes, J. A.）　99
平松　闊　101
ブードン（Boudon, R.）　4-10
フリーマン（Freeman, L. C.）　95
ボナチッチ（Bonacich, P.）　95
ポパー（Popper, K. R.）　7
ボワセベン（Boissevain, J.）　91
本間康平　98

ま行
マーチ（March, G.）　29
森岡清美　98

や行
安田　雪　101
山岸俊男　82
山口昌哉　82

ら行
ルボー（Lebeaux, M. O.）　144-147
レイガン（Ragin, C. C.）　133-143
レイブ（Lave, C. A.）　29

事項索引

あ行

亜群　123
足切り値　146
アプローチ
　　合理的選択——　63
　　進化論的——　63
閾値　67-82
　　——モデル　68, 70-72, 82
閾値分布　74-75, 78-79
　　累積——　70, 74-75, 79, 81
　　連続——　72
閾値分布関数　74, 76
　　累積——　74, 76-77, 80
意思決定　15
　　合理的な——　15-16, 19-21, 28-30
威信スコア　9-11
いたちごっこ　43
インフォーマル　98
　　——グループ　112
後ろ向きの帰納法　57
裏切り　53
お人好し　53

か行

下位集団　98
価格協定（カルテル）　55
革命　68
確率　15-19, 21-24, 72
　　——密度　73, 75
完全情報　21-23
　　——の価値　21-23
危険　16
　　——回避的　27
技術革新　68
期待値　15-18, 20-25
期待効用　15, 25-30
　　——の最大化　28
軌道　70, 72, 74-78
競争　52
　　——入札　52
　　——価格——　52
共通の知識　35

行ベクトル　109
協力　53
行列　103, 105-111, 115-116
　　所属——　113-114
　　積——　114
　　頂点——　105, 116
　　転換——　114
　　優越——　108-111
　　隣接——　95, 105-106
距離　89-93
均衡値　70, 75, 77-78, 80-81
均質　67, 71, 81
くじ　16-19
グラフ　88-90, 92-93, 95-99, 103-104, 112
　　——理論　88, 90, 103
　　完備——　97, 99
　　極大完備——　99
　　2部——　113-114
　　無向——　93, 104, 112
　　優越——　108-110
　　有向——　92-94, 104-106, 112, 122, 124
クリーク　98-101
クロス集計表　144
クロネッカーのδ　116
軍縮　54
k段階の関係　104-106, 117
経路　104-105
結節　89, 104
結託　34
決定原理
　　最小範囲——（ミニレンジ）　42
　　最大後悔最小化——（ミニマックス・リグレット）　42
　　保証水準最大化——（ミニマックス）　40-41
　　楽観的——（マキシマックス）　42
ゲーム
　　——の確実性　36
　　——の対称性　36
　　——の手番　35-36
　　——の理論　34

完全情報—— 36
完備情報—— 35, 38
協力—— 35
繰り返し（反復）—— 56
囚人のジレンマ—— 49, 50-54
進化論的—— 62-63
静学—— 35, 38
動学—— 35
反復—— 56
非協力—— 35
不完全情報—— 36
不完備情報—— 35
メタ—— 36
弧　104
行為　119-121
　　——条件　121
　　——の集積　34
　　相互—— 33-34
行為者
　　集合的—— 34
行動
　　集合—— 67, 82
効用　25-29
　　——関数　25, 27-28
　　——曲線　28
　　期待—— 15, 25-31
互酬性　49, 59, 64
個性　67-68
孤立点　97

さ行

採用率　67-68, 72-81
差分方程式　75-76, 78, 80, 82
サンクト・ペテルブルグのパラドックス　24, 26
残留率　5-6
思考実験　68, 81
次数　93-95, 100
　　出—— 94
　　入—— 94
質的データ（非定型データ）　119, 147
弱順序　120
尺度
　　名義—— 134
縮約
　　相互行為モードの—— 127-129

単一行為者モードの—— 124-127
デキゴトバナシの—— 123-129
ブール式の—— 141-143
条件
　　原因—— 135
　　十分—— 143
　　素数的—— 143
　　必要—— 143
初期値　70-72, 75-76, 78-79
進化　63
真理表　134-135
数理モデル　6, 9, 67-68
ストライキ　68
説明　7-8
　　演繹的－法則的—— 7
　　仮説－法則的—— 8
線　104
先導者利益　46
戦略　38
　　——が優越する（支配する）　39
　　——が厳密に優越する　39
　　繰り返しゲームの—— 56-58
　　最適—— 38, 51
　　しっぺ返し（TFT）—— 58-62, 64-65
　　支配—— 39
　　進化論的に安定な—— 64-65
　　被優越（被支配）—— 39
　　優越（支配）—— 38-39, 51
　　ランダム—— 57
双対性　115-116
ソシオグラム　89

た行

ダイアディックな関係　112
中心性　86-87, 89-95, 100-101
　　——指標　86, 90, 94-95
　　局所—— 95
　　距離にもとづく—— 89-93, 95, 100
　　次数にもとづく—— 93-95, 100
　　属性にもとづく—— 86-87, 91-92, 95, 100-101
　　大域—— 95
　　媒介性にもとづく—— 95
紐帯　89
頂点　89, 95, 97, 104-105, 112

懲罰　53
デキゴトバナシ　119-120
　　──比較分析法　119
　　──表　121
　　──の縮約（抽象化）　123-129
デシジョン・ツリー　17-19

な行

ナッシュ均衡　42-45, 52, 63
ナレイティブ→デキゴトバナシ
ネットワーク　88, 90, 92, 95, 97, 99, 101, 103, 112-113
　　社会──　85-86, 88-89, 92, 95, 98, 101, 103, 104, 112-113

は行

背理法　110
パス　124, 127
パニック　54
パレート
　　──最適　47-48, 52
　　──常数　9-11
　　──分布　9
フォーカル・ポイント（焦点）　46
フォーマル　92, 98
不確実性　16
普及　67-68, 81
不平等　10-11
　　教育機会の──　4-5, 7
　　社会的機会の──　6
普遍法則　7-8, 82
ブール
　　──式　136-140
　　──式の縮約　141-143
　　──変数　134
　　──関数　116
ブール代数　136-138
　　──アプローチ　136-143
プレイヤー　34
分析
　　──的思考　8
　　構造──　85

社会ネットワーク──　85-86, 88-89, 92, 103, 118
　内容──　119
　ネットワーク──　85-86, 88-89, 95, 101, 103, 118
分布　9, 70, 73, 78, 81
　　一様──　75, 78
　　パレート──　9
平均　71
辺　89, 94, 96, 104
変数
　　結果（従属）──　134-135
　　原因（独立）──　134-135
報酬　53
暴動　68
ボナチッチ中心度　95

ま行

交わり　116
導く　122
密度　96-97, 99-100
未来係数　60-61
矛盾した事例　135, 146
メカニズム　3-11, 68-69, 71, 82
　　基本的な──　3, 7, 9
　　社会の──　3

や行

優越関係　108-111
　　k段階の──　109
誘惑　53
要素　67, 85, 88, 104

ら行

利得　37
利得表　37
流行　68, 82
両性の戦い　45
隣接　89-90, 94-95, 97-98, 104
ルール　34
論理回路　136

著者紹介

小林淳一（こばやし　じゅんいち）（イントロダクション・第1・6章）
1947年　高知県生まれ
1977年　東北大学文学研究科社会学専攻博士課程単位取得退学
現　在　福岡大学人文学部教授，数理社会学
主要著書
　『社会学における理論と概念のフォーマライゼーション』（編著）文部省科学研究費成果報告書（1991）
　『考える社会学』（編著）ミネルヴァ書房（1991）
　『数理の発想でみる社会』（共著）ナカニシヤ出版（1997）

三隅一人（みすみ　かずと）（第7・8章）
1960年　福岡県生まれ
1986年　九州大学大学院文学研究科社会学専攻博士後期課程単位取得退学
現　在　九州大学大学院比較社会文化研究院教授，数理社会学，データ分析法
主要論文
　「社会的ジレンマ・モデルの一般化」『理論と方法』8巻1号（1993）
　「ソーシャル・サポートの階層的差異について」『社会学評論』48巻1号（1997）
　『社会階層の地域的構造』（編）1995年SSM調査研究会（1998）

平田　暢（ひらた　とおる）（第2・3章）
1963年　福岡県生まれ
1991年　九州大学文学研究科社会学専攻博士後期課程単位取得退学
現　在　福岡大学人文学部教授，数理社会学，地域社会学
主要論文
　「調整ゲームの安定性分析」『社会学における理論と概念のフォーマライゼーション』文部省科学研究費報告書（1991）
　「集合行為にいたる意志決定」『社会分析』21号（1994）
　「コミュニティと地域福祉－大森町南部シルバーエリアを事例として－」『秋田大学教育学部研究紀要　人文科学・社会学』第47集（1995）

松田光司（まつだ　こうじ）（第4・5章）
1969年　京都府生まれ
1996年　龍谷大学大学院理工学研究科数理情報学専攻博士後期課程退学
現　在　久留米大学法学部国際政治学科准教授，数理社会学，応用数学
主要論文
　「流行現象とベクトル型閾値モデル」『理論と方法』11巻2号（1996）
　「可変型加重声値法－指名ネットワークによる集団内有力度の評価－」『社会ネットワークの新たな理論に向けて』文部省科学研究費成果報告書（1997）
　「調査データの復元と二次分析－Hunterの命題の検証－」，『理論と方法』第17巻1号（2002）

社会のメカニズム ［第2版］

1999年3月20日　　初　版第1刷発行　　定価はカヴァーに
2000年7月10日　　第2版第1刷発行　　表示してあります
2010年1月10日　　第2版第4刷発行

　　　　　　　　著　者　小林淳一
　　　　　　　　　　　　三隅一人
　　　　　　　　　　　　平田　暢
　　　　　　　　　　　　松田光司
　　　　　　　発行者　中西健夫
　　　　　　　発行所　株式会社ナカニシヤ出版
　　　　　　　　　　　〒606-8161
　　　　　　　　　　　京都市左京区一乗寺木ノ本町15番地
　　　　　　　　　　　Telephone 075-723-0111
　　　　　　　　　　　Facsimile 075-723-0095
　　　　　　　　　　　郵便振替　01030-0-13128
　　　　　　　　　　　URL　http://www.nakanishiya.co.jp/
　　　　　　　　　　　e-mail　iihon-ippai@nakanishiya.co.jp

装幀・松味利郎／印刷・㈱吉川印刷工業所／製本・兼文堂
ISBN978-4-88848-584-5-C3036

Copyright © 1999, 2000 by J. Kobayashi, K. Misumi, T. Hirata, & K. Matsuda
Printed in Japan.